Vor zehn Jahren erschien erstmals Jagoda Marinićs Roman »Restaurant Dalmatia«. Von der Presse hochgelobt, thematisierte er literarisch Migration, Integration und die verschiedenen Generationen der sogenannten Gastarbeiter in Deutschland – und war seiner Zeit weit voraus. Denn erst heute finden seine Motive und Themen Widerhall in den aktuellen gesellschaftlichen Diskussionen, weshalb der Roman neu aufgelegt wird. Als die Mauer fiel, war eine der größeren Minderheiten die Menschen aus dem ehemaligen Jugoslawien, sie eroberten sich die deutsche Einheit – während ihr Land zerfiel…

Jagoda Marinić fängt auf unnachahmliche Weise das Lebensgefühl der zweiten Generation von Migrant:innen ein, die zwischen dem Land ihrer Eltern und der Suche nach eigenen Wurzeln und der eigenen Identität hin und hergerissen werden.

Jagoda Marinić, geboren 1977, ist Schriftstellerin, Publizistin, Moderatorin und Podcasterin. Auf »arte« moderiert sie die Sendung »Das Buch meines Lebens«, auf HR2 den Podcast »Freiheit de luxe«. Mit Katrin Eigendorf und Golineh Atai bestreitet sie den Podcast »Brave New World« des ZDF. Darüber hinaus schreibt sie Kolumnen für den »stern«, die »taz« und die »Deutsche Welle«, international publiziert sie in der »New York Times«. Sie studierte Politikwissenschaft, Germanistik und Anglistik und hat danach viel im Ausland gearbeitet, etwa in Kroatien, den USA, Kanada und Rumänien. Heute lebt sie in Heidelberg, wo sie als Kulturmanagerin das Interkulturelle Zentrum aufgebaut hat und seit 2023 die Heidelberger Literaturtage leitet.

Weitere Informationen finden Sie auf www.fischerverlage.de

JAGODA
MARINIĆ

RESTAURANT DALMATIA

Roman

Mit einem Nachwort
von Michel Friedman

FISCHER
TASCHENBUCH

FSC
www.fsc.org
MIX
Papier | Fördert
gute Waldnutzung
FSC® C083411

2. Auflage: Oktober 2024

Erschienen bei FISCHER Taschenbuch
Frankfurt am Main, 2024

Die erste Ausgabe erschien 2013 im Verlag Hoffmann und Campe, Hamburg.

Satz: Pinkuin Satz und Datentechnik, Berlin
Druck und Bindung: CPI books GmbH, Leck
ISBN 978-3-596-71068-3

»Wer sich in einem zu noblen Umfeld aufhält, verpasst das Leben.«

Mark Knopfler

IN JENER NACHT Toronto

RAFAEL Toronto

MIA MARKOVICH Berlin

MIJA Berlin ZORA Berlin SARA Berlin

DIE ALTEN SOMMER Berlin. Dalmatien

MAJA MARKOVIĆ Berlin

LAPHROAIG Berlin JESUS Berlin. Dalmatien

ADORO TE DEVOTE Berlin. Zagora

MARKO MARKOVIĆ Berlin. Dalmatien

IVO Berlin. Zagreb

IZMEĐU DAZWISCHEN

BABA ANA Berlin. Dalmatien

MIJA MARKOVIĆ Berlin Airport

IN JENER NACHT

Toronto, Januar 2013

»… und dieses Bild?«

»Welches?«

»Das hier, mit der Mauer.«

»Weiß ich nicht.«

»Weißt du nicht?«

»Nein, weiß ich nicht.«

»Ist es von dir?«

»Ja. Sicher.«

»Warum weißt du es dann nicht?«

RAFAEL

Toronto, 14. Januar 2013

Sie greift nach dem Koffer und verdreht die Augen: »Warum packe ich eigentlich immer zu viel ein? Selbst wenn ich nur drei Tage verreise, packe ich zu viel ein! All das Zeug für keine zwei Wochen Europa!« Plötzlich steht Rafael hinter ihr, atmet ihr in den Nacken und löst ihre Gedanken, ihre rechte Hand vom Gepäck. Sie schließt die Augen, als er nach ihren Handgelenken greift, sie hinter ihrem Rücken zusammenlegt, übereinander. Ihr Rücken rundet sich. Ihre Brust hebt sich. Ihr Kopf fällt mit sanftem Druck gegen sein Schlüsselbein. Er presst ihre Fingerknöchel gegen ihre unteren Wirbel, fährt auf und ab mit ihnen, bis ihr die Knöchel fast wehtun. Sie halten den Atem an, doch sie dreht sich nicht um. Kein Kuss jetzt, nein. Die Entscheidung ist gefallen. Seither ein Beil aus Gestern zwischen den beiden.

Vor ein paar Nächten war ihm dieses alte Polaroid-Bild von ihr in die Hände gefallen, und nur wenig später fiel die Entscheidung, zurückzugehen. *Du musst zurück nach Hause*, flüsterte er in jener Nacht, *du musst einfach zurück*. Der letzte Kuss, bevor sich alles nur noch um Zurück drehte. ZURÜCK. Als wäre das ein Ort, der auf einen wartet, der dasteht, selbst wenn man sich verspätet, wie warme Suppe auf Großmutters Herd. Trotzdem nickte sie. Rafael, in jener Nacht noch ihr Rafael, strich ihr mitten in dieses Nicken hinein die Haare aus dem Gesicht, fasste sie in seinen Händen zu einem Zopf, zog fest an ihrem Haaransatz, dass sich ihre Augen zu Schlitzen verzogen. Dann kam er so nah an ihr Gesicht, bis sich seine Augen in ihren verzerrten. Er sagte nichts weiter, nicht in jener Nacht – aber sie meinte, sie hätte etwas wie Liebe in seinem Schweigen gehört. Ja, sie würde *nach Hause* gehen. Dorthin, wo er es vermutete. Zuhause schien ein Ort zu sein für ihn, ein gestriger Ort, einer, der mehr mit dem zu tun hatte, wer man einst war, als mit dem, wer man sein wollte, jetzt. Oder morgen. Sie schwieg. Widersprach nicht. Fügte sich. Ihm zuliebe. Denn er wusste von ihrer weiblichen Unfähigkeit, etwas sich selbst zuliebe zu tun. Über das Weibliche an dieser Unfähigkeit hätte sie sich stundenlang erzürnt, wenn er es ausgesprochen hätte, doch war sie ihm weiblich, diese Eigenschaft, das Eigene zu vergessen, sich in den Dienst von etwas zu stellen, völlig ungebeten und ungefragt; Frauen sind große Aufopfernde, diese Erfahrung hatte er längst gemacht, wusste von daher, wie kurz die Halbwertzeit dieser Aufopferung war, die alles Opfern in Zersetzung verwandelte, eine alles Wesentliche zersetzende Zersetzung, die nichts von dem mehr stehen ließ, was zuvor noch ein Opfer wert gewesen war; gerade die aufopfernden Frauen sind es, die eines Tages ihre Schwerter heben und sich vor alles stellen, was ihnen diese Opfer abverlangt; *Es muss jetzt einzig um dich gehen*, ließ er sie spüren in jener Nacht, als er ihr den Zopf hielt. Kaum dass sie ausgeatmet hat, ausgeseufzt, lässt er ihre Handgelenke los. Rafael verschwindet aus ihrem Nacken. Und die Tür fällt ins Schloss.

MIA MARKOVICH

Berlin, 15. Januar 2013

Sie will durch die Straßen von damals gehen, es können nicht viele sein. Zu einer Kindheit gehören vier oder fünf Straßen, zu einer Jugend vielleicht das ganze Viertel oder auch zwei. Es ist nur ein Block, den sie ablaufen müsste, um alles, was sie sehen wollte, zu sehen, einen halben Tag bräuchte es, einen halben Morgen, nicht mehr. Mit ihrer Nikon um den Hals macht sie sich auf den Weg. Von der Bernauer in die Brunnenstraße, vorbei an der jüdischen Synagoge und ihren Wächtern in die Anklamer, dort entlang der kleinen Buchhandlung zum Arkonaplatz, wo sie sich an die Straßenecke stellt, als würde sie gleich von jemandem abgeholt. Doch niemand kommt, nicht einmal ein Fremder biegt um die Ecke und gibt ihr das Gefühl, hier zu sein. Links von ihr ein Café namens Weltempfänger, leer. Sie geht in Richtung Zionskirchplatz, der ihr gefällt, weil eine Kurzgeschichte, die sie im Flugzeug gelesen hat, in einem Zimmer mit Blick auf die Zionskirche spielt. Zur Kastanienallee. Sie macht ein Bild von jedem Straßenschild, an dem sie vorbeiläuft. Es sind schöne Straßennamen. Auch die Schilder sind verziert. Am U-Bahn-Eingang Rosenthaler Platz das letzte Motiv für heute:

DIESES HAUS
STAND FRÜHER
IN EINEM ANDEREN LAND

Kein Punkt. Darüber, in viel kleinerer Schrift:

MENSCHLICHER WILLE KANN ALLES VERSETZEN.

Sie muss ein paar Schritte zurückgehen, um das Haus mit dem Satz ganz aufs Bild zu bekommen. Wenig später hat sie ihr Foto, sitzt hinter Fensterglas und blättert durch die Straßen, Häuser von heute. So, wie sie jetzt in diesem Café sitzt, erinnert sie an ein Edward-Hopper-Motiv, ein bestimmtes. *A Woman in the Morning Sun*. Das, obwohl sie nicht in einem morgenlichtdurchfluteten Schlafzimmer steht, schon gar nicht nackt, obwohl sie keine Zigarette raucht und auch kein Bett zu sehen ist, unter dem sich schwarze oder rote Pumps vor der Helligkeit des Tages verstecken. Eine zurückhaltende Kellnerin stellt endlich die Tasse Kaffee auf den Tisch. Aus der Vase, die sie zurechtrückt, verströmt eine Amaryllis aussichtslos Frühling.
Die Häuser waren nicht so grau früher. Wenn sie überhaupt grau waren. Von hier zur Gedenkstätte Berliner Mauer wären es nur wenige Minuten zu Fuß. Sie hatte sich fest vorgenommen, sich das anzusehen. So wie das Holocaustmahnmal. So wie unzählige andere Denkmäler. Als wäre sie Touristin hier. Als hätte sie nicht ihre eigene Karte, ihre ganz eigene Topographie der Erinnerungen. In Toronto hörte und las man viel über Berlin. Der englischsprachige *Lonely Planet* im Rucksack hatte ihr Distanz versprochen, aus dieser Distanz heraus hatte sie sich viel vorgenommen, Distanz schafft Raum. Einen Raum, den sie jetzt, da sie hier

ist, nicht füllen kann. Es geht nicht. Manchen Menschen ist das Können ein mühseliger Gegenspieler des Wollens. Statt aufzustehen oder Zweikämpfe mit sich selbst zu führen, malt sie, wie im Halbschlaf, wieder und wieder ihren Namen auf die weiße Serviette: Mija Marković. Mia Marković. Markovich. Sie streicht die Namen alle nacheinander dick durch und blättert zurück in ihrem Display: DIESES HAUS STAND FRÜHER IN EINEM ANDEREN LAND. Menschlicher Wille kann alles versetzen. Und was ist mit dem Rest?

Neben ihrer Profi-Nikon trägt sie die alte Polaroid ihrer Eltern im Rucksack. Als Kind hatte sie diese Polaroid heimlich aus dem Schlafzimmer ihrer Eltern gestohlen. Zu wertvoll war sie damals für Kinderhände und doch gedankenlos verborgen im Nachttisch auf der Bettseite ihrer Mutter, in der zweiten Schublade von oben. Oder war es die oberste? Je wertvoller die Dinge in ihrer Familie waren, desto weniger wurden sie verwendet. Selbst wenn es reine Nutzgegenstände waren, zur Zierde nicht tauglich. Mit Teurem wurde umgegangen wie mit Accessoires. Und weil Kinder selbst mit Accessoires gerne umgehen wie mit Nutzgegenständen, hatte Mija sich mit kindlicher Obsession diese schlecht gehütete und mit Verboten versehene Polaroid ihrer Eltern gewünscht; sobald sie alleine in der Wohnung blieb, stahl sie sich ins Schlafzimmer ihrer Eltern und nahm die Polaroid aus der Schublade, oft nur, um sie in den Händen hin und her zu drehen. Du darfst keine Bilder machen, die Filme sind teuer, hieß es. Schnell rechnete sie sich jedoch aus, dass sie ein bis zwei Bilder pro Film unbemerkt verschwinden lassen konnte, probierte es aus, bis sie sicher war. Und ging eines Tages los.

Sie nimmt die alte Kamera in die rechte Hand, klappt den Sucher auf und erinnert sich, wie sie eines Nachmittags um jeden Preis auf die Straße wollte. Schnee fotografieren. Oder sonst etwas. Beim Gehen hatte sie die Augen weit aufgerissen, als könnte sie so ihre Schritte besser überwachen, ihr Gleichgewicht genauer ausrichten, gewappnet sein gegen das Eis auf den Straßen und die unsägliche Aussicht, zu fallen – mit der neuen Polaroid in der Hand. Nur zwei Bilder wollte sie machen, nur zwei, ganz gleich, wie schön der Schnee war, sie wusste, ihre Mutter bemerkte fast alles, außer eben den kleinsten Abweichungen, die nicht. Das erste Polaroid pustete sie schon trocken, da hatte sie das Haus kaum verlassen, sie hielt es am weißen Rand fest, um keine Fettabdrücke zu hinterlassen, war unzufrieden mit dem Ergebnis. Die zweite Chance wollte sie besser nutzen und lief von einer Straße in die andere auf der Suche nach einem Motiv, *dem* Motiv, das allen möglichen Ärger und vielleicht eine Ohrfeige wert wäre, oder gar mehr als eine Ohrfeige. Sie dachte damals nur an ein Bild, das sie machen könnte, sie dachte nicht an Straßen und ihre Namen, nur an Plätze, Ecken, Läden, die ihr im Kopf waren. Auf der Karte, die jetzt vor ihr auf dem Cafétisch liegt, fährt sie die Straßen ab, fragt sich, von welcher Straße in welche sie damals wohl abgebogen ist. Sie kann nur schwer rekonstruieren, ob sie aus der Volta- in die Wattstraße bog und dann von der Strelitzer in die Bernauer kam, oder ob sie anders gelaufen ist. Sie weiß beim besten Willen nicht mehr, ob sie an der Mauer entlang oder auf sie zuging, als es geschah. Wenn sie auf die Mauer zuging, dann war sie entweder über die Usedomer oder Stralsunder gekommen und in die Hussitenstraße gebogen. Eines jedoch kommt ihr jetzt, an diesem Tisch, mit großer Sicherheit: Das Erste, was ihr damals auf der Bernauer ins Auge stach, war ein Pulk Menschen von hinten. Rücken. Kaum ein Mensch im Profil. Alle standen sie mit dem Rücken zu ihr. An eine Kamera erinnert sie sich noch, eine große Videokamera stand da, glaubt sie, nachdem sie als Mädchen in die Hussitenstraße gebogen war. Ja, so war es, flüstert sie, fährt dabei die Straßen mit dem Zeigefinger nach: von der Usedomer Straße in die Stralsunder in die Hussitenstraße. Noch bevor sie um die letzte Ecke gebogen war, hatte sie ein lautes Horn gehört. Seinem einfarbigen Tönen folgte ein überwältigender Knall. Sie bewegte sich langsamer, wie in Zeitlupe, vergaß das Motiv, nach dem sie Ausschau gehalten hatte, ein paar Schritte lang ging das gut, ihr Blick klebte an der Stelle, an der der Kirchturm eben, vor ihren Augen, gen Osten gefallen war, in einem Stück war er gefallen, wie ein Klotz. Sie rutschte aus, fiel hin, die Kamera fest gegen den Bauch gedrückt, den Blick auf den gefallenen Turm gerichtet, an dessen Stelle nun eine gefräßige Staubwolke wuchs; zwei kahle Bäume waren das Letzte, was an dieser Stelle noch über die Mauer ragte. Sie sah auf die beiden Straßenschilder, Bernauer Straße und Hussitenstraße, und zu den winterkahlen Bäumen zurück. Ja, so war es, denkt sie, genau so war es, flüstert sie, blickt noch einmal auf die Karte, die vor ihr liegt und dann zurück zu dem Mädchen, das sie an jenem Tag war, sieht, wie es aufsteht und plötzlich, ohne nachzudenken, ein Bild von den beiden Straßenschildern im rechten Winkel schießt: Bernauer Straße und Hussitenstraße. Der Turm der Versöhnungskirche ist an jenem Nachmittag im Januar in den Osten gefallen, das Kreuz auf der Turmspitze, das hat sie erst viele Jahre später auf Bildern gesehen, zeigte dabei in den Westen.

Jahre später, schon in Toronto, konzipiert dieses Mädchen als junge Frau eine Ausstellung. Ihre erste eigene. Zu Hause in den Kisten stößt sie auch auf das Polaroid von jenem Tag. Dieses Bild mit den Straßenschildern und ein paar Metern Mauer. Eine weiße Trompete war auf die Mauer gesprüht, die ihr als Kind nicht weiter aufgefallen war. So wie eines der vielen »Die Mauer muss fallen« im gleichen Weiß darunter. Sie hatte dieses Bild, kurz nachdem sie es geschossen hatte, in ihr Tagebuch geklebt, ein Tagebuch, das sie, wie alle ihre Tagebücher, nie wieder gelesen, aber doch mit nach Kanada genommen hat. Von diesem Moment war ihr nur geblieben, wie sie das Bild geschossen hatte, mit diesem Herzrasen, mit dem Kinder Verbotenes tun. Nun sitzt sie mit Rafael im Wohnzimmer, sie wühlen sich durch ihre Vergangenheit in Kisten, bis ihm dieses Bild in die Hände fällt. Es macht ihn neugierig. Rafael fragt, als hätte sie sich viel bei diesem Bild gedacht. Sie antwortet, wie sie fast immer antwortet, lückenhaft und unbefriedigend. Er ärgert sich, will mehr wissen. Das hatte sich angekündigt. Seine Neugier steht seit Wochen im Raum. Fordernd, ungeduldig, rücksichtslos. Statt zu erzählen, wirft sie ihm sein Verhalten vor. Was es ihn angehe, fragt sie. Er steht auf, geht ins Schlafzimmer, zieht sich aus und schmeißt seine Hosen gegen die Wand. Überzogen. Völlig überzogen. Als sie immer noch meint, es gehe ihn nichts an, ihre Vergangenheit gehe ihn nichts an, bricht es aus ihm heraus. Er wolle so nicht mehr. Er habe ein Recht auf eine normale Beziehung, eine stinknormale Beziehung. Was er denn mit einer stink-

normalen Beziehung wolle, fragt sie, gerade er. Sie weiß genau, was er von ihr will und stellt sich tot.
Sie denkt an diesen Abend wie an eine Geburt. Schmerzhaft und doch der Beginn von etwas Nicht-da-Gewesenem. Etwas, das, wenn sie Glück hatte, wachsen würde, das spürte sie. Seine Ungeduld wuchs mit. Sein Verlangen nach einem Menschen, der auch gestern war, der vor ihm war. Es ging bei all den Fragen auch um ihn. Er war es, der anders gekannt sein wollte, als sie es bisher vermutet hatte, der sie anders begehrte, vielleicht tiefer, als sie geahnt hatte. Seine Fragen waren nicht nur Neugier, sie waren vor allem Sehnsucht nach ihr. Sie konnte gut damit leben, nicht durchdrungen zu werden. Doch sie konnte nicht gut damit leben, ihm nicht genug zu sein. Er löchert sie mit Fragen. Sie wisse es einfach nicht, antwortet sie, sie wisse es wirklich nicht mehr. So wie sie auch nichts über die Mauer wisse oder das Bild mit der Trompete. Man könne doch nicht nichts mehr wissen, das gehe einfach nicht. Allein die Bilder erzählten doch, wann sie gemacht worden seien und wie. Doch sie hat in der Tat keinerlei Erinnerung an die Trompete oder den weißen Satz auf der Mauer. Als hätte die Kamera sich an jenem Nachmittag vor sie gestellt, für sie gesehen.
Nach diesem Streit war ihr zumindest der Titel ihrer Ausstellung eingefallen: *What photographs hide*. Sie hatte den Grange Prize gewonnen, sie. Sie sollte nun in der Gallery 44 ihre Bilder ausstellen, sie. Bis dahin kannten nur Rafael und ihr engster Freundeskreis ihre Bilder, nur mit Rafael sprach sie über ihre Arbeit, er war es, der sie darin bestärkt hatte, kleine Galerien aufzusuchen, die Bilder für Wettbewerbe einzureichen. So hatte sie Sophie und Kenneth

von der Wedge Gallery kennengelernt, die ihr halfen, eine Auswahl für den Grange Prize zu treffen. Sophie mit ihrem viel zu sanften Lächeln und Kenneth, der sich eigentlich für die fotografische Erkundung afroamerikanischer Identität engagierte, ein erfahrener Kurator und Kunstsammler. Mia war die zweite Grange-Preisträgerin überhaupt. Fünfzigtausend kanadische Dollar. Die Mühe hatte sich gelohnt. Der Plan war aufgegangen. Nur sie ging unter. Mit dem Preis machte sich etwas Platz, das sie nicht erwartet hatte: Ihr Unwille zum Gelingen. Etwas in ihr war ins Misslingen verliebt. Dieses Etwas fühlte sich jetzt gestört. All die Menschen, die sie mit einem Schlag verstanden, etwas in ihrer Kunst zu sehen meinten. Allein das Wort Kunst für ihre Bilder zu verwenden kam ihr plötzlich, da man es mit solcher Sicherheit tat, spöttisch vor. Niemand fragte mehr nach ihrem Brotjob, nur noch nach ihren Projekten. Projekte, die sie nun, da sie keinen Brotjob mehr brauchte, nicht mehr hatte. Sie hatte ihren Hunger auf Motive verloren. Seit Wochen fand sie kein Motiv, das sie fesselte. Gestillt war das Verlangen nach Bildern, befriedet die Unruhe der Deplatzierten. Ihr Platz war ihr nun zuteil geworden. Und sowie sie ihn eingenommen hatte, schlossen sich mit jedem Tag Türen in ihr. Bis sie die Wohnung nicht mehr verließ. Rafael hing ihr seit ein paar Wochen mit einer Therapie in den Ohren, was sie kränkte. Sie kam nicht aus der Welt der Psychologen. Überhaupt kam sie nicht aus einer Welt, in der andere etwas über sie zu wissen hatten. Er verstand ihre Ablehnung nicht. Sie verstand sein hilfloses Bedürfnis nicht, sich anderen anzuvertrauen, Antworten dort zu suchen, wo man ihre Tiefen weniger kannte, schlechter kannte als sie selbst. Sie glaubte nicht an Hilfe. Nur an ihre

Bilder. Doch sie fand sie nicht mehr. Sie ging durch die Straßen und fand ihre Bilder nicht. Also blieb sie zu Hause.

»Du hast deine Menschen verloren, das ist es«, sagt er. Sie liegen im Bett, sie hat gerade den Kopf an seinen Oberarm gelegt.

»Ich wüsste nicht, dass ich eine Frage gestellt habe.«

»Du bist eine einzige Frage, Mia. Ich spüre dich nicht mehr.«

»Ich bin nicht mit dir ins Bett, damit du mich spürst oder nicht spürst, verstehst du?«

»Sondern?«

»Einfach so.«

»Es liegt auf der Hand. Es ist alles da …«

Sie zieht das Bettlaken über ihre Brust, steigt aus dem Bett und rollt sich in den weißen Stoff ein.

»J-e-d-e-s Mal muss deine Arbeit bei uns im Bett landen. Jedes Mal.«

Sie läuft ins Wohnzimmer, legt sich auf die Couch und platziert ein kleines Kissen unter ihrem Kopf. Er folgt ihr. Wie ein Dreijähriger stellt er sich ans Fußende der Couch.

»Seit du den Preis gewonnen hast, geht es dir schlecht. Und es wird nicht besser, im Gegenteil. Das ist doch nicht so schwer zu verstehen, oder? Du willst deinen Erfolg nicht, Mia, du willst keinen Platz in dieser Welt hier. Du willst ihn nicht, weil du denkst, so bleibst du in deiner. Sag was du willst, aber so ist es!«

Sie holt das Kissen unter ihrem Kopf vor, nimmt ein zweites und hält sich die Ohren zu.

»Es ist, wie es ist.«

Sie wirft ein Kissen nach ihm.

»Dieser verfluchte Film! Dein gottverdammter kleiner

Film, den keine drei Leute auf dieser Welt sehen werden, zumindest keine drei Leute bei Verstand, dieser idiotische Film macht noch unsere Beziehung kaputt, sag ich dir.«
Rafael ist Dokumentarfilmer und begleitet seit vier Monaten drei Einwanderer, für die er sich nach mühseliger Recherche entschieden hat, durch ihren Alltag und zu ihren Therapiesitzungen. Er hat für seinen Film Menschen gesucht, die nicht länger als zehn Jahre in Toronto leben und gerade mit einer Therapie anfangen wollen. Dafür hat er sich in Freud eingelesen, in Theorien der Verhaltenstherapie. Er hat Familienaufstellungen besucht, stand dort abwechselnd als Vater, Großmutter oder Bruder zur Verfügung, je nach Bedarf; ein Seminar in systemischer Beratung hat er auch belegt. Mia bekam dabei jede Station im Detail geschildert. Einmal musste sie mit ihm eine Familienaufstellung nachstellen, die ihn beeindruckt hatte. Er war wenig beeindruckt davon gewesen, wie unbeeindruckt sie sich zeigte. Sie hatte alle seine Projekte gerne verfolgt, doch das mit den Psychos sei nicht ihr Ding, wiederholte sie immer wieder. Er wollte Interviews vermeiden. Keine Selbstportraits. Stattdessen ging es ihm um das, was sie nicht sagten, das Nebenher, von dem sie nicht wussten, nicht bewusst erzählten, für das sie keine Geschichte hatten. Er gehe so lange mit, bis er für sie unsichtbar werde, erklärte er seinen Darstellern. Dabei folge er ihnen bei ihren Reisen aus einer Welt in die andere, er meinte damit den Wechsel von ihrem Alltag zu ihren Therapiesitzungen, der komme ihm krasser vor als jener zwischen den Ländern, zwischen denen sich diese Menschen hin und her bewegten. Er wolle in diesem Film eine Welt zeigen, in der die Wunde zwanzig Quadratmeter Platz fände, zwanzig Qua-

dratmeter in einer Praxis, der Rest sei Überlebenskampf, geschichtsloses Leben, das keine Fragen stellt nach dem Dahinter oder Woher. Im Grunde war er mit seinem Projekt und den Darstellern ausgelastet. Doch seit Mia den Preis gewonnen hatte, war sie, entgegen seiner Erwartung, wie ausgewechselt. Fremd. Er konnte es zunächst nicht verstehen. Nur wenige Wochen nach der Preisverleihung hörte sie, nach einem kurzen Höhenflug, mit dem Fotografieren auf. Auch in der Dunkelkammer arbeitete sie nicht mehr. Sie ließ sich gehen. Je tiefer sie fiel, desto weiter entfernte sie sich von ihm. Er begriff, dass es etwas gab, das weder er noch sie kannten, etwas in ihr, das plötzlich, nach all den stummen Jahren, sein Recht einforderte. Erst jetzt fiel ihm auf, wie wenig sie während der letzten Jahre von früher erzählt hatte. Wirklich erzählt hatte, so, dass sich ein Bild von Früher ergab. Wenn er nachfragte, wich sie aus. Doch er wollte verstehen, weshalb sie mit ihrer alten Welt nur alle zwei Wochen telefonierte, weshalb ihr seine Familie reichte, weshalb sie nie nach Europa flog und vor allem, weshalb ihr Desinteresse an sich selbst so weit ging, dass es ihn einschloss.

MIJA

Wedding, 28. Januar 1989

Marko Marković raucht auf dem Balkon seiner Wohnung und wartet auf den Sommer. Er wartet immer auf den Sommer, zu jeder Jahreszeit, selbst im Sommer. Im Winter gehört der zwei mal drei Meter große Balkon nur ihm. Schnee fällt. Seit Tagen. Schnee ist ihm nicht mehr und nicht weniger als ein Bote, der die Nachricht vom Ausbleiben des Sommers bringt. In diesem Viertel ist es besonders unerträglich, wenn der Sommer ausbleibt, denkt er. Er weiß, jede Stadt dieser Welt kennt solche Häuser, in denen jedermann wohnen könnte, aber keiner wohnen will. Häuser, denen mindestens vier weitere Häuser dieser Art gegenüberstehen, eineiige Zwillinge des Hauses, in dem keiner wohnen will. Inmitten dieser Hausgeschwister findet sich, in verlässlicher Regelmäßigkeit, ein Sandquadrat. Es muss ein Schild vor diese Sandquadrate gestellt werden, damit klar wird, hier sollen Kinder spielen und nicht Hunde scheißen, denkt er. In diesem Hundeklo bleibt der Schnee nun unberührt liegen, immerhin für etwas scheint er gut zu sein, denkt Marko. Er hasste den Schnee schon als Junge. Seine Frau erklärte ihm seinen Hass auf Schnee damit, dass er als Kind keine Schuhe hatte und barfuß zur Schule gehen musste; das winkte er ab, dann müsste sie den

Schnee doch mindestens so hassen wie er, entgegnete er, aber Hass sei eine Veranlagung, eine Charakterstärke, zu der sie gar nicht in der Lage sei. Sie lachten, wenn er das sagte, diese Gespräche waren wie Spielbälle, die sie einander oft zuspielten, nur, um dem Anderen dabei zuzusehen, wie er ihn loswurde. Marko hielt seinen Hass gegen den Schnee jedoch für Veranlagung und glaubte, diese seiner ersten Tochter, Mija, vererbt zu haben. Er wusste es schon bei ihrer Geburt, er wusste, dieses Kind wurde mir geboren, so wie der Pfarrer, wenn er an Weihnachten aus der Bibel liest, jedes Jahr aufs Neue weiß, es ist uns ein Christkind geboren. Sie war nicht einmal zwei, da machte er den genetischen Schneetest mit ihr: Er nahm sie mit auf die Straße, hielt sie den Flocken entgegen und rief *Snig* – das dalmatinische Wort für Schnee. *Snig, Mijo. To ti je snig.* »Das hier, das ist dir Schnee, Mijo.« Im Kroatischen steht selten etwas für sich, ist einfach so, immer ist es dem Menschen, alles ist ein Dativ, alles auf dieser Welt ist für jemanden. Mija bückte sich, fasste mit ihren Kinderhänden in den kalten Schnee und schaffte es nicht, sich wieder aufzurichten. Er sah ihr zu, wie sie ganze fünf Sekunden still hielt, bevor sie zu schreien begann. Da zündete er sich zufrieden eine Zigarette an, packte seine Kleine unter den Arm und ging mit ihr die Treppen zurück hoch in die Wohnung. Im Wohnzimmer setzte er sie wieder ab, wo sie weiter weinte, was ihn zufrieden stimmte. »Ich hab's gewusst«, dachte er. »Das Kind kann auch nicht mit Schnee«, rief er in Richtung Küche, aus der seine Frau gleich ins Zimmer gerannt kam und ihre Tochter in die Arme nahm. *»Idiote!«*, schimpfte sie ihn, *»Idiote!«*, während er zufrieden auf den Balkon ging, um seine Zigarette zu Ende zu rauchen.

Das war vor über zehn Jahren gewesen. Jetzt sieht er sie diese verschneite Straße entlanglaufen, als wäre sie im Schnee aufgewachsen. »Ist sie ja auch«, denkt er. »In diesem verdammten Berlin, sechs Schneemonate pro Jahr, was für ein Wahnsinn«, denkt er, »was für ein Wahnsinn …«, er bremst sich. Mija ist seit einem Jahr eine Tochter geworden, der alle und alles nicht gut genug sind: die Mutter nicht, der Vater nicht, die Brüder nicht und nicht einmal sie selbst. »Auch das hat sie von mir«, lächelt er. Seit sie Teenager ist, stellt der Wedding als Feind aller Feinde jeden in den Schatten. Sie hat es auf dieses Viertel abgesehen, als hätte sie neben seiner Abneigung gegen Schnee und den Rest der Welt auch noch jene gegen Beton von ihm vererbt bekommen. Er lacht. Aufs Gymnasium geht sie nach Moabit, es heißt, da seien weniger schlechte Familien. Zora und seine Frau kamen darauf, sie lieber zu den guten Familien zu schicken, die lange Busfahrt und die Kosten durften kein Problem sein. Sie meinen es gut mit Mija, wollen, dass sie bessere Freunde hat, als es sie im Wedding gibt, weil sie den ganzen Tag über weit weg von zu Hause ist, soll sie von netten Kindern umgeben sein. Aber Mija findet die Schule nicht richtig, die Schüler nicht richtig und diese Entscheidung erst recht nicht. Sie ist kaum wiederzuerkennen, seit sie auf dem Gymnasium ist, keiner weiß mehr, ob sie nun das Gymnasium, den Wedding oder ihre Mutter hasst. Gestern Abend erst wieder schrie sie in einem Streit: »In diesem Scheißwedding hier werde *ich* jedenfalls nicht sterben! Das könnt ihr ja machen, aber ich mache das sicher nicht!« Er war insgeheim stolz auf sie, während seine Frau ihr eine Standpauke über Demut hielt. Sie müsse jetzt dankbar dafür sein, in so eine gute Schule zu gehen. Seine

Frau ist die erste katholische Priesterin, dessen ist er sich sicher, zu allem weiß sie etwas Biblisches, nur fehlen ihr die Gläubigen, weshalb sie ihre Familie als Glaubensgemeinschaft missbraucht. Am schwierigsten ist es für sie, Mija zu missionieren, zumal sie dafür gesorgt hat, dass sie auf ein gutes Gymnasium kommt, in dem man das Diskutieren lernt. Marko Marković hält bei diesen Diskussionen inzwischen den Mund. Maja Marković, seine Frau, spricht kaum Deutsch, ist eine stolze Köchin und lenkt die Geschicke der Familie. Seit Mija aufs Gymnasium geht, schlecht gelaunt ist und immer weniger Interesse an der Küche zeigt, ist der Ärger im Haus regelmäßig zu Gast. Marko hat manchmal den Verdacht, die Kleine bekommt auch den ein oder anderen Ärger ab, der eigentlich ihm gilt, allein deshalb, weil sie aussieht wie er, aber weniger cholerisch ist, doch er behält es für sich, um nicht noch mehr Ärger zu provozieren. Seit sie auf dem Gymnasium ist, kann Maja ihre Tochter nicht mehr ertragen. Mija behauptet jeden Tag, wenn sie von der Schule nach Hause kommt, die Lehrer in Moabit denken, sie könne weniger als die anderen, nur weil sie Ausländerin ist und die dort kaum Ausländer gewohnt sind. Sie wäre lieber im Wedding geblieben, ganz gleich, wie schlecht es hier ist, da wäre sie Klassenbeste gewesen.

»Es fragt später keiner danach, ob du Klassenbeste warst, sondern wie gut du bist!«

»Aber neben den anderen Ausländern war ich besser als jetzt! Und die Lehrer haben mich gemocht, die jetzt können mich nicht leiden!«

»Warum sollten sie dich nicht leiden können, du bist doch nur ein Kind? Denkst du denn, meine Schnitzel verneigen sich täglich vor mir?«

»Nein, aber sie halten zumindest den Mund. Mich pöbeln da alle nur an … Die Lehrer, die Schüler …!«

»Dann mach doch den Mund auf!«

»Das bringt nichts, ich habe die falschen Eltern. Deutsche Eltern kommen in die Sprechstunden, die nehmen mich ja schon nicht ernst, weil meine Mutter lieber Hackfleisch einrollt, statt in die Sprechstunde zu kommen! Diese Jugos und ihre Čevapćići, so denken die doch!«

»Das stimmt nicht, es stimmt einfach nicht! Die Deutschen haben nichts gegen uns! Türken sind Türken, sag ich dir, die haben vielleicht Probleme mit den Deutschen, die Türken! Araber! Moslems! Die!« Ihr Gesicht läuft rot an. »Aber die kannst du doch alle nicht mit uns vergleichen! Wir sind Katholiken. Wir und die Deutschen, wir haben denselben Gott!«

»Die Deutschen haben gar keinen Gott mehr, schon gar nicht euren, diesen Irren! Kapier's doch endlich: Für Deutsche seid ihr genauso Bauern, Ausländer und Fleischfresser wie der Rest hier im Wedding! Und ich bin das fleischfressende Kind von Bauern, Ausländern und Fleischfressern aus dem Wedding, die im Leben noch nichts erreicht haben, außer ihr bescheuertes Dorf hinter sich zu lassen – und nicht einmal das richtig.«

»Moslems essen kein Fleisch, Mijo!«

Maja holte tief Luft und presst die Lippen zusammen.

»Zumindest essen sie kein Schwein. Moslems trinken keinen Alkohol, weil Allah es nicht will, verstehst du? Du kannst uns nicht mit denen vergleichen, wir trinken mindestens so viel wie die Deutschen!«

»Ihr kapiert es einfach nicht, ihr kapiert es echt nicht, oder? Ihr seid nicht die Besseren für die, ihr seid für die genau wie die, die ihr nicht leiden könnt, versteht ihr das nicht? Da hilft euch kein Gott und kein Tito! Das alles weiß doch hier kein Mensch, wer euer Tito war und wer euer Gott ist! Die wissen nur, dass ihr ihre Toiletten und die Hintern ihrer Eltern putzt für ein bisschen Kleingeld! Und auf euer Essen haben die auch keinen Bock mehr, weil's widerlich ist, Ausländerfraß halt! Die essen lieber um die Ecke beim Deutschen und zahlen doppelt so viel, damit Ausländer wie du in der Küche versteckt werden und keiner merkt, dass ihr eure Drecksfinger im Spiel habt!«

Mijas Mutter verpasste ihr eine Ohrfeige. Zwei.

»Dass du es nicht mehr wagst, mich so anzuschreien. Ist das klar? Ist das klar? Du wagst es, so zu brüllen, und in der Schule? Da kriegst du den Mund nicht auf! Dauernd höre ich, du redest nicht. Die sagen, deine schlechten Noten kommen davon, dass du nicht redest! Wieso merk ich denn nichts davon, dass du nicht redest? Kostet es denn was, in der Schule zu reden? Uns kostet es, dass du nicht redest, weil wir dir diese ganzen Lehrer ins Haus holen müssen, damit du …«

»Ach, was weißt du denn schon. Du gehst ja nie hin! Sprichst nie mit den Lehrern. Und wenn, würden die dich eh nicht verstehen! Gar nichts weißt du, von nichts weißt du was! Nur, was alles kostet weißt du!«

Noch eine. Und noch eine.

»Ich weiß, dass ich mit meiner Arbeit deine Nachhilfe bezahle, nur damit du den Mund nicht aufkriegst! Ist denn dein Reden mehr wert als meine Zeit? Ja? Ist es das? Du weißt nicht, was arbeiten heißt, und machst dich über Menschen lustig, die arbeiten, Ärsche putzen, was auch immer. Mijo, sie arbeiten, das ist mehr, als du je getan hast!«

»Mama, ich bin ein Kind!«
Das war erst letzte Nacht, denkt er. Letzte Nacht. Jetzt läuft sie wieder durch den Schnee wie eine Große, eine Unverletzte.
»*Tata!*«, ruft Mija von unten und winkt. »*Tata!*«
»Schrei nicht so laut, wir sind nicht allein im Viertel!«
Wenig später klingelt sie. Marko geht zur Sprechanlage und lässt sie ins Haus. Mija stellt ihrer Mutter die Butter, die sie besorgen sollte, auf den Küchentisch, geht ins Wohnzimmer, zu ihren beiden Brüdern.
»Sag mal, müsst ihr den ganzen Tag über Atari zocken?«
»Nö.«
Die beiden äffen sie nach und krümmen sich vor Lachen. Sie spielen im Winter fast den ganzen Tag über Atari, es sei denn, Marko vertreibt sie aus dem Wohnzimmer ins Kinderzimmer, weil er fernsehen will.
»Yo! MTV Raps! Yo! MTV Raaaaaps, Mijo!« Seit letztem Herbst sendet das Fernsehen diese Hip-Hopper, und Mijas Brüder spielen ständig die Doppelgänger von Dr. Dre und Ed Lover. Sie ballen die Hand zur Faust, spreizen dabei Daumen und kleinen Finger und rappen pausenlos: »Yo! MTV Yo! MTV Raaaaaps!«
»Mijo, guckst du später mit uns Fab5 Freddy?« Sie nickt. Fab5 Freddy mag sie, denn seit Fab5 Freddy über den Bildschirm in ihr Wohnzimmer getreten ist, haben ihre Brüder endlich etwas zu tun. Ihr kleiner großer Bruder malt Graffiti auf Blätter, die ihr großer großer Bruder dann auf die Mauer im Wedding sprüht. Künstlername: ALTA. Der kleine Große hat das Talent, der große Große den Mut. Die Zeichnungen vom Kleinen findet Mija – wie die meisten – beachtlich. Selbst ganz einfache Namen zeichnet er inzwi-

schen wie Buchstabenkunstwerke. GANGSTA-Kunstwerke. Oder HOMEBOY-Kunstwerke. Oder RAP. Manchmal schreiben sie auch Gümnasiastin als Graffiti und hängen es über Mijas Bett. Mija schämt sich vor ihren Brüdern nicht dafür, eine Gymnasiastin zu sein. Vor ihren Gymnasiasten schämt sie sich nicht für ihre Brüder. Und bringt trotzdem keine Freunde vom Gymnasium mehr mit nach Hause. Ihre Freunde von der Grundschule sind ihr sowieso lieber. Die haben nämlich, neben der Tatsache, dass sie sie lieber mag, auch nichts gegen ihre Brüder.

Draußen auf der Straße sind ihre Brüder Gold wert. Niemand im Viertel kommt ihr dumm. Den ganz Großen kennen so gut wie alle hier. Der ist nämlich befreundet mit Avni dem Albaner, und Avni ist berühmt dafür, dass er im Supermarkt in der Schönhauser Allee seinen Kopf hinhält für den Fall, dass besoffene Kassendiebe den Laden stürmen. Avni trägt eine schusssichere Weste, er hat zwar keine Knarre, dafür aber eine Trillerpfeife mit Alarmsystem um den Hals. Wenn Avni an die Trillerpfeife langt und den Knopf drückt, sind die Bullen, die abends Streife um den Block fahren, in Nullkommanix im Kaiser's. Trotz der Bullen hat Avni schon sieben Messerstiche in die Brust gerammt bekommen, und wenn es möglich wäre, würde er sich die Stichwunden eingerahmt an die Wand hängen. Seit der Messerstecherei im Laden haben ihm seine Chefs eine schusssichere Weste umgehängt, und er stolziert durch den Laden wie Ben Hur letzte Weihnachten durchs Fernsehen. Mijas Mutter mag ihn, obwohl er Albaner ist, vor allem mag sie ihn deshalb, weil er so viel isst und immer das Essen vom Vortag verputzt. Sie mag ihn auch, weil er im Gegensatz zu den anderen Freunden ihres Sohnes

auf der Seite des Gesetzes steht. Ihr ist nur schwer zu erklären, dass gerade solche, die auf der Seite des Gesetzes stehen, am besten wissen, wie sie das Gesetz übers Ohr hauen; sie denkt, wer mit den Bullen zu tun hat, der kann nur ein Guter sein.
Im ganzen Viertel haben sie Angst vor Mijas Bruder. Nur in Moabit, wo sie jetzt aufs Gymnasium muss, kennt ihn keiner. Seither hat sie zwei Mal zugeschlagen. Das eine Mal so richtig, als einer ihre kleine Schwester hauen wollte. Lea. An Lea darf keiner ran. Lea hat nämlich keine Ahnung, dass es Leute gibt, die Böses wollen, die strahlt einen noch an, während man sie haut, das konnte sie nicht zulassen … Das zweite Mal war es reine Notwehr. Auf dem Schulhof im neuen Gymnasium. Was soll sie da gleich in der zweiten Woche dumm dastehen? Der Typ aus der Siebten hatte das Maul zu weit aufgerissen. Sie hat ihm eine verpasst, die es in sich hatte. Er hat es nicht kommen sehen, dachte wohl, sie würde die Balkanratte auf sich sitzen lassen, ein Heulgesicht ziehen und fertig. Bevor sie nach Moabit aufs Gymnasium musste, war das alles kein Problem, weil der schlechte Ruf ihres Bruders immer schon vor ihr da war. Jetzt muss sie es selber machen, weil man ihn in Moabit nicht kennt. Die Kumpels von ihrem Bruder witzeln darüber, dass er die Scheiße im Viertel baut und die Schwester sitzt dafür in Moabit. Im Prinzip ist das nicht falsch: Wenn ihr Bruder Mist baut, ist sie schuld. Wenn es nach ihrer Mutter geht, ist sie selbst dann schuld an allem, wenn sie gar nicht dabei war, weil ihre Mutter dann behaupten würde, sie hätte dabei sein müssen, um das Schlimmste zu verhindern. Schließlich kann sie am besten Deutsch und geht aufs Gymnasium, da lernt man alles. Das Einzige, was

sie an dem Ganzen nicht versteht, ist das zwischen ihrem Vater und Bruder. Vor ihrem Vater ist sie nämlich das kleine Großmaul, aber ihr Bruder, vor dem sie sich gar nichts traut, traut sich nichts vor ihrem Vater.

»Ich geh noch mal rüber zu Zora, ja?«, sagt sie und zieht sich schon die Jacke an.

»Was willst du denn jetzt schon wieder drüben?«, fragt ihre Mutter.

»Helfen.«

»Kannst auch hier helfen.«

»Ich will aber drüben helfen!«

»Lass das Kind doch helfen, wo es will!«, mischt Marko sich ein, und Mija zieht sich die Jacke zu.

»Ich rufe Zora aber an und gebe ihr Bescheid, dass du gleich kommst!«

Es ist dunkel geworden über den Zwillingshäusern, erst in der Bernauer Straße hellen die Neonlichter der Läden die Straßen wieder auf. Zu Zora ins Restaurant ist es nicht weit, denkt sie, bleibt vor dem Supermarkt an der Straßenecke stehen, sieht zu, wie die Kunden an den Kassen ihre Einkäufe in die Tüten packen. Ein bärtiger Mann in einem auffälligen Wildledermantel bezahlt sein Bier und packt es in die Jackentasche. »Der gleiche Ledermantel wie der von Ujo«, denkt sie. Ujo, Mijas Onkel und Bruder ihrer Mutter, hat neulich Bilder von unten geschickt. Nach der Beerdigung von Großvater hat er die Polaroid aus der Schublade bei sich behalten und schickt regelmäßig Bilder nach Berlin. Bilder von sich und Baba Ana. Seit Baba Ana alleine ist, besucht er sie jedes Wochenende und fotografiert sie bei allem, was sie tut: Baba Ana beim Kochen, Baba Ana beim Tisch decken, er, wie er mit Baba Ana anstößt,

Baba Ana, deren Zahnlückenlächeln man sieht, weil sie für einen Moment vergisst, beim Lächeln den Mund zu schließen. Maja weint jedes Mal, wenn so ein Bild kommt, seither weiß Mija nicht mehr, was von Ujo und diesen Bildern zu halten ist. Mit diesem Ledermantel steht er neben Baba Ana im Schnee, hat einen richtigen Bart, und sie steht klein, schwarzgekleidet und brav neben ihm, als wüsste sie nicht, weshalb sie hier zu stehen hat – Baba Ana versteht das mit dem Fotografieren nicht.

Zora wartet auf mich, denkt sie, meine Zora, und beeilt sich. Das Schneetreiben wird dichter. Der alte Schnee gefriert kaum und schon fällt der neue. Seit Tagen. »Wie viele es seither auf die Straße gelegt hat«, Mija grinst. »Ich helfe niemandem beim Aufstehen«, denkt sie. »Bevor man hilft, muss man sich immer zuerst fragen, ob es der andere nicht doch selber kann. Und während man sich das fragt, ist die Sache meist schon erledigt.« Ungeduldig tritt sie von einem Fuß auf den anderen, bis die Ampel endlich Grün zeigt. Sie rennt los, so gut es geht, stemmt die Schuhe fest mit der Ferse in den Schnee. Sie versteht nicht, wieso das den anderen keiner erklärt. »Klar hilft das nicht bei Blitzeis oder gefrorenen Stellen, aber um die kann man auch herum laufen«, denkt sie, als ein Auto auf der rechten Spur leicht ins Schleudern gerät und sie vor Schreck stürzt. Der Fahrer kurbelt das Fenster seines Wagens auf und zeigt ihr den Vogel.

»Bist wohl lebensmüde, was?«

Da spürt sie eine große, warme Hand auf ihrer Stirn.

»Lebensmüde? Wie fahren Sie denn …!«, schimpft der Mann mit der warmen Hand dem Fahrer nach, der Gas gibt, als er sieht, wie die Kleine den Kopf bewegt.

»Was für ein Vollidiot!«, sagt er leise, während er ihr das Gesicht abklopft, bis sie die Augen öffnet.
»Die zeigen einem hier immer den Vogel, ist nicht schlimm!«, sagt Mija.
»Sag mal, hast du dich da unten eingemietet, oder warum bewegst du dich nicht?«
»Ich weiß nicht, ob ich kann.«
»Dann find's doch raus!«
»Und wenn ich's nicht kann?«
»Na dann weißt du, dass du's nicht kannst!«
»Und wenn ich mich jetzt verletzt habe?«
»Probier's, los! Aufstehen! Du liegst mitten auf der Straße!«
»Das weiß ich! Ich bin doch nicht blöd!«
»Und verletzt bist du auch nicht!«, sagt er, als er sie am Kragen auf die Beine zieht. Sie richtet sich vor ihm auf, schaut kurz auf den hellen Wildledermantel, der eben noch hinter der Kasse stand, und dann in sein Gesicht.
»Wo ist denn Ihr Bier hin?«, fragt sie.
Er zeigt auf die Scherben auf der Straße.
»Tut mir leid!«
Er zuckt mir der linken Achsel.
Zora. Das Restaurant ... Sie werden sich Sorgen machen.
»Alles in Ordnung?«, fragt er.
»Ich hab keinen Schock oder so, wenn Sie das meinen.«
»Was hast du dann?«
»Eine Tante, die auf mich wartet.«
Zora, der Mensch, von dem Mija alles weiß. Und außerdem ihre Patentante. Auch Zora lebt alleine inzwischen. »Meinen Mann hat der Untermieter gefressen«, sagt sie, wenn einer nach ihm fragt. Der Untermieter, so nennt Zora den Krebs, der ihrem Mann das Gehirn zersetzt hat.

»Kommen Sie mit? Ich nehme Sie mit zum Essen! Wenn Sie wollen ... Ich darf Ihnen eh kein Bier nachkaufen, aber meine Tante hat ein Restaurant, gleich da vorne. Bei Zora kriegen Sie ein Bier, versprochen. Und sogar was zu essen, wenn Sie wollen. Kommen Sie doch mit, bitte! Oder sind Sie Vegetarier? Meine Tante hasst Vegetarier. Sie hält sie für gottlos oder so bei Gott wie sonst nur die Zeugen Jehovas, denen sie nicht über den Weg traut, weil sie dauernd bei ihr im Laden vorbeikommen ...«

Der Mann bleibt stehen, seine geschwungenen Nasenflügel zittern. Er zieht seine buschigen Augenbrauen über dem geraden Nasenrücken zusammen, wendet den Kopf langsam nach rechts. Auch Mija bleibt stehen, hört jedoch nicht auf zu reden.

»Können wir jetzt weiter?«, fragt sie, als er sich noch immer nicht bewegt. Er nickt, bleibt stehen, bis ihm schließlich die Kinnlade herunterfällt.

»Klappe zu! Kälte ist schlecht für die Zähne! Ach ja: Ich bin Mija!«, sagt sie, als sie vor dem Restaurant angekommen sind. Er nickt, noch immer fassungslos. Und folgt ihr.

ZORA

Berlin, 28. Januar 1989

Das Restaurant liegt in der Brunnenstraße, und wenn über dem Eingang kein großes weißes Schild mit der Aufschrift *Restaurant Dalmatia* hinge, wäre es leicht mit einem Gewächshaus zu verwechseln. Im Erdgeschoss eines in die Jahre gekommenen Nachkriegsbaus vegetiert das kleine Restaurant vor sich hin, keine zwanzig Meter Luftlinie von dem Chromkasten, in dem die öffentliche Toilette untergebracht ist. Das Haus ist das erste in einer langen Reihe unverwechselbar austauschbarer Fahrstuhlmehrfamilienhäuser der Brunnenstraße im Wedding, von Haus zu Haus wechseln die Fassaden zwischen Grau, Braun und Orange, sonst ändert sich nichts. In der Erdgeschossreihe finden sich neben dem Restaurant Dalmatia noch ein Lädchen für Espressokannen und Wohnzimmerdekoration, eine Boutique für bunte Kleider in Einheitsgröße; und direkt nebenan betreibt eine in die Jahre gekommene Asiatin mit schöner Gesichtshaut einen Blumenladen mit mehr Kunstblumen als Echtpflanzen im Angebot. Es heißt, sie hätte den Anblick, den Zoras grünes Glasrestaurant vom Gehsteig aus bietet, genutzt, um all jene, die sich dorthin verirren, in ihren Blumenladen zu lotsen. Denn erst wer das Restaurant betritt, sieht, dass dort, wo kein

Grün wuchert, Tische und Stühle für Gäste bereitgestellt sind.

»Ach, gucken Sie nicht so, meine Tante liebt alles, was grün ist und wächst, was Liebe braucht, aber nicht widersprechen kann. Wie heißen *Sie* eigentlich?!«

»Jesus.«

»Chesus?!?«

»Ja, Jesus!«

Sie strahlt ihn an. Zora kommt aus der Küche geschossen, das Tablett in der Hand, und zeigt sich routiniert aufgebracht.

»Wo treibst du dich nur wieder rum, du Hündin, weißt du, wie oft mich deine Mutter schon angerufen hat? Ich muss hier arbeiten und nicht am Telefon sitzen!«, flucht sie auf Kroatisch, kaum dass sie Mija im Restaurant stehen sieht. »Helfen wolltest du mir! Zum Glück war nicht viel los bis jetzt! Jaja, lach du nur! Ich habe mich auf dich verlassen, dabei ist es immer das Gleiche! Du und dieses Grinsen im Gesicht. Damit kommst du bei mir nicht durch! Bei anderen vielleicht, aber bei mir? Nee! Aus dem Schoß deiner Mutter bist du in meine Hände gefallen, in meine! Schon damals mit diesem Grinsen im Gesicht. Wie sie alle um dich herumstanden: Oh! Oh! Seht nur, sie kann schon lächeln. Engelslächeln! Was ich nicht alles gehört habe! Da habe ich mir geschworen, bei Gott und dir und deinem jungen Leben, dass du mich nicht um den kleinen Finger wickeln wirst. Einer muss ja bei Verstand bleiben! Immer ich muss bei Verstand bleiben, wer sonst …«

Mija wachsen mit jedem Wort große weiße Wattebälle aus den Ohren, während die Gäste im Restaurant neugierig hinhören und diskret wegsehen. Zoras Reden sind legen-

där. So mancher Kunde kommt nur deshalb ins Restaurant, um sich ihre Tiraden über ihre Familie, die Welt oder den Verfall da draußen auf der Straße anzuhören. Sie fügt in jedes dritte, vierte Wort ein »sch« ein, wie eine letzte Prise Salz. So sagt sie läscheln, wenn sie lächeln meint und nischt für nicht. Und schimpft am liebsten vor Gästen. Wenn ein Kunde sagt, sie hat das Herz am rechten Fleck, schimpft sie gleich, wo der denn sein soll, der rechte Fleck. Wenn Zora etwas nicht wünscht, dann, ein Herz zu besitzen, genauer, andere von ihrem Herzen wissen zu lassen. Denn so ein Wissen um ein Herz kann auf Dauer großen Schaden anrichten, versichert Zora in regelmäßigen Abständen. So ist sie, eigenen Angaben zufolge, von Geburt an mit einem Herzfehler ausgestattet. Sie verbreitet diese vermeintliche Wahrheit über ihren Herzfehler mit derselben Sicherheit wie Prognosen über das Wetter von morgen und ihre schlechte Laune. Wenn sie überhaupt einen Herzfehler hat, dann einen ganz anderen, die Art Herzfehler, den kein Kardiologe dieser Welt ihr bestätigen könnte.
Ihre schlechte Laune bezeichnet sie als »Kundenbindung-auf-nicht-amerikanisch«. Zora ist nach West-Berlin gekommen, um hier angestellt zu werden. »Nur, weil mein Mann einen eigenen Laden wollte, muss ich jetzt diesen Laden schmeißen!«, schimpft sie, aber wenn sie das schon muss, dann bitte auf die sozialistische Art ihrer jugoslawischen Heimat, die geht in etwa so: »In *meinem* Haus ist keiner König! Und wenn in meinem Haus einer König sein darf, dann ich. Was soll sonst der ganze Laden?« Eine devote Haltung gegenüber dem Kunden kollidiert mit ihrem Selbstverständnis. Stattdessen garantiert sie Portionen, die kein Mensch mit halbwegs gesundem Sättigungsgefühl be-

wältigen kann, packt den Gästen die Reste in Alufolie ein, damit sie auch morgen noch davon haben und bietet diese Unmengen von Fleisch zu mehr als anständigen Preisen an. »Mehr gibt's nischt!«, sagt sie. Als eine Freundin vorschlug, einen Mittagstisch für die Mitarbeiter aus den Geschäften in der Straße einzuführen, verweigerte sie sich in üblicher Zora-Manier: »Wozu mittags den Tisch extra anbieten? Bei mir gibt's den Tisch den ganzen Tag lang, von zwölf bis elf. Solange ich im Laden stehe, gibt's Essen, fertisch!«
Und tatsächlich hat Zora mit ihrer Strategie Erfolg. Sie hat in ihrem Viertel eines der letzten Restaurants, das noch nicht schließen oder einem Drei-Mark-pro-Döner-Spieß weichen musste. Zora bietet jedem Gast die Möglichkeit, sich in ihr kleines Reich einzufügen, in dem alles mit klarem Kopf, gastronomischem Sachverstand und großem Herzen gestaltet wird. Man hat sich bei Zora zu benehmen. Der Mensch ist ein schwaches Tier, sagt sie oft, er braucht eine harte Hand. An ihrem harten Handgelenk befindet sich folglich ein schwarzes Lederarmband mit silberfarbenen Nieten, was zwar bedrohlich aussehen soll, jedoch ein Schutz für ihre oft entzündeten Sehnen ist.
»Damals hab ich schon gedacht: Dieser Zwerg soll mich bloß nicht so angrinsen, bei mir funktioniert das nicht, bei mir ...!« Als sie nach ihrer Restaurantrunde wieder vor Mija steht, und Jesus noch immer nicht von ihrer Seite gewichen ist, wird sie jäh aus ihrem Monolog gerissen. Mija grinst, Zora zu irritieren gilt als Erfolg.
»Zora! – Chesus! – Chesus! – Zora!«
»Meine Mija und dieses Etwas«, denkt sie, begrüßt Jesus mit fast militärischem Kopfnicken. Nach dem letzten Nicken hagelt es ein paar Schläge auf Mijas Hinterkopf.

»Ludo jedna, koji ti je to vrag! Pa oces ti da ja ostanem mrtva na mistu?« Du Irre, du, was zum Teufel soll das denn jetzt! Willst du, dass ich auf der Stelle tot umfalle? Beim nächsten Vorbeigehen schlägt sie ihr dann mit der Lederkarte auf den Rücken, etwas liebevoller jedoch. Jesus lacht bei dieser Szene wie aus einer tiefen Grotte heraus. Mija starrt ihn an. »Wenn Gott lachen würde, dann so«, denkt sie, »genau so.« Sie wird mucksmäuschenstill, weil ihre ganze Aufmerksamkeit in die Grotte hinabsteigt, aus der eben noch Jesus' Lachen kam.

»Das habe ich seit Jahren nicht mehr gesehen, dass jemand anderen Leuten so genüsslich auf den Hinterkopf schlägt! Da hab ich gleich weniger Heimweh!«

»Heimweh? Sie sind also einer von der Heimweh-Front? Was machen Sie dann hier, wenn Sie Heimweh haben?«

»Ich suche nach Menschen wie Sie, die mein Heimweh lindern.«

»Vielleicht sind bei ihnen zu Hause ein paar mehr von solchen wie mir, die Ihr Heimweh lindern, hm? Wie wär's? Heimweh! Pah! Diese Heimweh-Menschen konnte ich noch nie leiden.«

«Großartig, ich konnte mich auch noch nie leiden. Schade nur, dass ich Ihr Restaurant nie zuvor betreten habe.«

»Wahrscheinlich fehlte es an Scheinen!«, spottet sie.

»Großartig!«

»Wenn Sie vorhaben, dieses Restaurant auch in Zukunft in Begleitung meiner Nichte zu betreten, sollten Sie besser gleich wieder vergessen, dass Sie es je von innen gesehen haben! Ist das klar?«

Mija liebt es, wenn Zora ihre Messer wetzt und die Worte schärft, um zu schützen, was sie als ihr Eigen ansieht.

»Claro, jefa! Claaroo!«, beruhigt sie Jesus.

Er setzt sich an den Angestelltentisch.

»Keine Angst um Ihre Nichte … Sie sind die Chefin, niemand sonst!«

»Das muss ich mir von Ihnen nicht sagen lassen, dass ich die Chefin bin. Was wäre ich für eine Chefin, die sich das von einem Dahergelaufenen sagen lassen muss …«

»Zora! Eine Portion Pola-pola, ja? Auch für Chesus. Auf unsere Rechnung!«, bittet Mija.

»Auf unsere Rechnung? Was hast du denn mit meiner Rechnung zu schaffen, du!?«

Nur wenig später ruft Zora durch das Schankfenster in die Küche:

»Zwei Mal Pola-pola, Hausversion!« Letzteres auf Kroatisch. Dann dreht sie sich zu den beiden an den Angestelltentisch.

»So, Ch-esus! Aus welcher Bibel haben sie dich denn über Berlin abgeworfen?«

Jesus und Mija tauschen kurze Blicke.

»Wie Sie sicher wissen, verfügt Ihre Nichte über eine ausgesprochen einflussreiche Phantasiewelt. Aus-ge-sprochen einflussreich.«

Er betont jede Silbe und macht lange Pausen zwischen den Wörtern. Zora nutzt seine Pausen, um ihm ins Wort zu fallen.

»Woher soll ich das wissen, was meine Nichte für eine Phantasiewelt hat?« Sie sieht Mija streng an.

»Aber reden Sie weiter, Sie brauchen ja lange genug für jeden Satz!«

»Als Ihre Mija heute durch den Schnee stapfte, dachte sie: Es ist an der Zeit, den lieben Gott um einen Besuch bei uns im Wedding zu bitten. Der liebe Gott hat sie erhört. Und weil er bekanntlich ungern persönlich kommt, hat er seinen Sohn geschickt, das Übliche, Sie wissen schon.«

»Ja, ich weiß schon ... Gekreuzigt wurde der auch.«

»Ja, wurde er, aber nicht gleich. Erst saß er bei den Schwestern Marta und Maria und zeigte ihnen, welcher Umgang mit dem Sohn Gottes der richtige ist ... Es wäre sicher von Vorteil für Sie, mir nun die Füße zu ...«

»Die Frage war, wie Jesus an meine Nichte kommt, nicht an Maria und Marta?«

Zora steht auf, nimmt den Warsteinerblock vom Tresen und schlägt, bevor sie ihre nächste Runde dreht, erst Jesus, dann Mija auf den Hinterkopf.

»Meine Nichte stapft nicht durch den Schnee.«

Mija lächelt und beobachtet, wie sich Zora vor das alte Ehepaar stellt, das sich eben an den Tisch gegenüber gesetzt hat, Bestellblock und Kugelschreiber vor der Brust.

»Was empfiehlst du denn heute, Zora?«, fragt der alte Mann. Die beiden sind seit Jahren mindestens einmal die Woche zu Gast.

»Was ich euch in den letzten Jahren immer empfehle!«

Das Ehepaar Neuner ist ein wöchentlich wiederkehrender spezieller Fall, verdanken sie Zora doch einen eher seltenen und zweifelhaften Genuss.

»Gulasch also, frisch gekocht heute!«, sagt sie, und versucht, wie jedes Mal, die Bestellung in Richtung weicher, gut gekochter Suppen und Gulaschgerichte zu manipulieren. Die beiden drucksen unglücklich herum. Natürlich erinnern auch sie sich an den Vorfall mit dem Wiener Schnitzel. Doch im Gegensatz zu Zora hat dieses kleine Ereignis für sie den Beginn einer Freundschaft bedeutet. Zora war an jenem Tag mit Heinrichs Gebiss im Schnitzel sofort in die Küche gelaufen, hatte Schnitzel und Gebiss sorgsam und ohne Schäden am Objekt voneinander getrennt. Dann war sie zurück an den Tisch zu Hilde gegangen und hatte dem inzwischen schmallippigen Heinrich sein Gebiss in einem Päckchen zum Mitnehmen serviert, damit er nicht in die Verlegenheit käme, es vor allen einzusetzen. Für Zora war dies eine der unangenehmsten Episoden ihrer Karriere als Gastwirtin. Für Heinrich und Hilde Neuner war dies die freundlichste Bekundung, die sie gegenüber ihren Alterserscheinungen je erhalten hatten.

»Aber deine Grillgerichte sind doch auch vorzüglich!«, hört Zora, wie befürchtet.

»Ja, ja, sehr gut sind die. Aber grade sind die letzten zwei Teller raus.«

»Schon zur Mittagszeit?«

»Ja, grade zur Mittagszeit! Erst am Abend kommt die zweite Tour, sonst ist es nicht frisch. Ich verkauf kein Fleisch von gestern.«

Schließlich hat sie die beiden wieder von ihren Wünschen abgebracht und gibt in der Küche erleichtert eine Bestellung für weichgekochtes Gulasch durch. Die zwei überfüllten Fleischteller nimmt sie von der Theke, serviert sie Mija und Jesus, bevor sie sich dazusetzt.

»Pa jebem mu majku, hocu li mu ja svaki put prati zube?«, fragt sie, an Mija gewandt. Mija hatte sich angewöhnt, ihr die meist fluchumsäumte Frage, wie oft sie ihm noch die Zähne putzen soll, nicht zu beantworten. Schließlich bietet die wöchentliche Episode mit dem Ehepaar Neuner Zora Gelegenheit, eine Weile auf den beiden herumzuhacken, was wiederum die Gelegenheit bietet, auf der Tatsache

herumzuhacken, dass niemand mehr König sein kann heutzutage, nicht einmal in den eigenen vier Wänden. Mija stupst sie einige Male leicht mit der Fingerkuppe ihres Daumens an, um sie zurück in die Gegenwart zu holen. Jedes Stupsen mit ein wenig mehr Druck. Als sie zurückkehrt, kann Zora einen zärtlichen Blick auf Mija nicht unterdrücken. Um sich auf sicheres Terrain zu begeben, knöpft sie sich Jesus hervor:

»Meine Güte ... Du hast schon länger nichts mehr gegessen, oder?«

»Zumindest nicht so gut!«

Jesus sitzt mit einer Selbstverständlichkeit vor seinem Teller, schmatzt mit einer Selbstverständlichkeit, als hätte er nie etwas anderes getan als im Restaurant Dalmatia am Angestelltentisch zu sitzen.

»Für einen Straßenkönig hast du aber ganz gute Tischmanieren, mein lieber Jesus«, bemerkt Zora. Mija stimmt zu, leicht verwundert.

»Man hat ja sonst nichts zu tun als Straßenkönig!«

»Kommst du wieder?«, fragt Mija.

Sie muss ihm das noch abringen. Sie weiß nicht, ob er wirklich auf der Straße lebt, nur weil er unrasiert ist und etwas nach Bier riecht. Mija kann sich grundlos an völlig unerwartete Menschen binden. Zora schüttelt betont ungläubig den Kopf, als die Küchenhilfe das Gulasch in den Schank stellt und kurz und heftig auf die Klingel schlägt. Zora steht auf, Mija tut es ihr nach, schlüpft wieder in ihre dicke Jacke und signalisiert Jesus mit einer Kopfbewegung, es ihr gleichzutun.

»Chesus, kommst du also wieder?«

Er nickt, klar komme er wieder.

»Versprochen?«

»So wahr mir Gott helfe!« Jesus lacht, und Mijas Aufmerksamkeit steigt erneut in die Tiefen der Grotte, aus der sein Lachen hallt.

SARA

Berlin, 16. Januar 2013

Vorgestern, auf dem Weg zum Flughafen, blieb sie, nachdem sie aus der U-Bahn gestiegen war, vor diesem Obdachlosen stehen. Er saß mit dem Rücken zur Wand und beachtete sie nicht. Sein Kaffeebecher stand vor ihm auf den grauen Fliesen, die dunkle Kosakenmütze hatte er tief ins Gesicht gezogen. Er musste ihre Füße bemerkt haben, hob den Blick vom Boden, nickte. Sein Kopf wippte seltsam lange nach, als säßen ihm die Halswirbel locker. Da bist du ja, so sah er sie an. Eilig stieg sie die Treppen hinauf und in den Bus, der sie zum Terminal bringen würde. Sie war an seinem Wildledermantel hängen geblieben. Länger als die Konvention es erlaubt. Raues, dreckiges Wildleder. Selbst er hatte ein Gespür für Konvention, dachte sie noch im Bus.

»Woran erinnerst du dich am besten?«, hatte Rafael sie in der Nacht zuvor gefragt, als sie ihm zum ersten Mal von Jesus erzählte.

»An seinen Wildledermantel.«

»Farbe?«

»Weiß ich nicht. Ich weiß nur, dass er irgendwie dreckig war.«

»Was noch?«

Es war der letzte Abend vor ihrem Flug nach Deutschland, sie saßen nebeneinander auf dem Fußboden, an die Couch gelehnt.

»Jesus war der erste Erwachsene, der etwas über Zeit wusste. Und bei dem ich spürte, hier vergeht die Zeit gut. Die meisten sacken irgendwann ein, ihre Welt wird klein, erdrückend klein, ganz gleich, ob es zwei, drei oder vier Dinge sind, für die sie sich entscheiden, ihre ganze Welt schrumpft zusammen, und es bleiben diese vier Dinge oder Menschen, sie meinen am Ende, diese zwei, drei oder vier Dinge oder Menschen seien die ganze Welt, und sie reden sich ein, sie tragen diese ganze Welt auf ihren Schultern, jede Stunde ihres Lebens tragen sie nur noch diese Welt, die sie nicht mehr rückgängig machen können, und eines Tages geht ihnen endlich das Licht auf, dass es schon bei ihren Eltern dieselben zwei, drei oder vier Dinge waren, die sie auf den Schultern trugen, nicht rückgängig machen konnten, und so halten sie das, was sie da schultern, für ein Naturgesetz. Zumindest war das bei meiner Familie so. Jeder wurde auf seine Weise von der kleinen Welt, die er hinter sich glaubte, erdrückt. Als könnte sich niemand mehr aufbäumen gegen das, was die Vergangenheit festgeschrieben hat. Aber Jesus war der erste Mensch, den ich kennenlernte, der seine Vergangenheit wie ein Geheimnis in sich trug. Manchmal schien es auch um ihn herum zu liegen. Mal dunkel, mal hell. Doch ich hatte immer das Gefühl, er könnte, wenn er wollte, alles in Worte fassen. Alles. Er war der erste Erwachsene für mich, der nicht eingeknickt war … Allein dieses Lachen. Als könnte er alles, was sich ihm in den Weg stellte, damit zerschmettern. Manchmal klang es höhnisch. Manchmal spöttisch. Meistens spürte ich selbst hinter seinem Spott diese Liebe. Liebe für all das, was nicht war und nicht sein konnte. Ich spürte, er hatte für seine Geschichte einen Ort gefunden. Seinen Geheimnissen eine Sprache gegeben. Er konnte sie malen. Er konnte sie erzählen. Wahrscheinlich konnte er sie auch denken, aber ich war wohl zu jung, um eine Vertraute zu sein. Meine Familie konnte alles immer nur nacherzählen. Das Leben und wie es ihnen widerfahren ist, haben sie nie verstanden, sie haben es immer nur nacherzählt. Man könnte meinen, es nachzuerzählen würde etwas verändern, aber sie erlebten es immer nur nach, erlebten es wieder und wieder. In Worten. Als stünde das Grauen von gestern auch heute wieder in der Tür. Tag um Tag. Und man selbst mittendrin. Diese ewige Wiederholung. Zurückholung. Ich habe es gehasst. Ich wusste, sie erzählten es sich wieder und wieder, nur, um nichts zu fühlen, nichts Heutiges, nichts Jetziges, nur Gestriges, nur den Schmerz, den sie kannten ... Das Gestern im Heute macht taub, Rafael, da bin ich mir sicher.«

»Erstaunlich, dass du so jemanden mit dreckigem Wildleder verbindest.«

Sie lächelt in sich hinein.

»Das liegt vielleicht daran, wie ich ihn zum ersten Mal gesehen habe. Er stand im Supermarkt an der Kasse in diesem Ledermantel, der mich an meinen Onkel erinnerte. Mein Onkel hatte uns kurz vorher ein Bild von sich und meiner Großmutter geschickt, Baba Ana und Ujo. Ich hatte die beiden noch nie zuvor im Winter gesehen, in Mänteln. Und noch nie ohne meinen Großvater ... Der Mantel im Supermarkt schien mir fast derselbe Mantel zu sein wie ... Wenig später bin ich auf der Straße hingefallen und mit einer warmen Hand auf der Stirn aufgewacht ...«

Sie nimmt Rafaels rechte Hand und hält sie sich an die Stirn.
»Hier! Genau hier hatte er seine Hand! Als ich die Augen öffnete, sah ich geradewegs auf den Wildledermantel, den auch mein Onkel hätte tragen können.«
Danach hatten sie aufgehört zu reden. Bis zu ihrem Abschied im Türrahmen hatten sie nicht mehr viel gesagt.

Jetzt sitzt sie schon eine ganze Weile in diesem Café und weiß nicht, wohin. Es ist leichter, in Gedanken zu spazieren. Zumindest für den Moment. Kanada war ursprünglich nur als Auslandssemester gedacht. Sechs Monate in Übersee. Es war nicht einmal die erste Wahl. Ihre erste Wahl wäre die amerikanische Westküste gewesen. Ein Fulbright Stipendium, das schließlich eine andere in der Anglistik bekam. Für Mia wurde es Toronto. Dort fügte sich von Anfang an alles selbstverständlich ineinander, als hätte diese Stadt nur darauf gewartet, sie aufzunehmen. Sie bekam ein Zimmer bei einer geschiedenen Dame, deren Kinder gerade aus dem Haus waren. Jane. Jane gab sich mütterlicher als Mias Mutter es je gekonnt hatte. Gemeinsam kümmerten sie sich für die nächsten sechs Monate um Nikki, die Hündin, eine schöne alte Boxerin, die nur mit liebevoller Raffinesse und Unmengen grünem Spargel dem Alterstod zu entreißen war. Manchmal musste es zu dem Spargel noch eine Scheibe Speck sein. Einmal kam Mia nachts die Treppen herunter, als sie Nikki jaulen hörte. Vom Treppengeländer aus sah sie Jane, wie sie neben Nikkis Hundekorb saß und mit weinerlicher Stimme auf ihre Hündin einredete. *Don't leave us, Nikki, don't leave, please. We'll be chasing puppies in summer.* Mia schlich leise zu-

rück in ihr Bett. So viel Mühe um eine Hündin, dachte sie, eine alte Hündin.
In Toronto fragte niemand mehr nach ihrer Herkunft, das Woher und das Wohin lösten sich im Alltag auf, dabei war sie doch gerade hier ein Gast. Kanada schien, zumindest an der Oberfläche, auf der sie sich noch bewegte, ein Land zu sein, in dem sich viele Menschen um ihr Jetzt kümmerten. Das Gestern war nicht vergessen, es lag jedoch nicht über, sondern unter dem Jetzt. Janes Sohn Michael führte sie in die Theaterszene ein, wo er hin und wieder als Schauspieler jobbte. Er war stolz auf seine neue Fast-Schwester, zumal sein Vater Tscheche war und er nach einem Auslandsaufenthalt in Prag der Meinung war, slawische Frauen seien die Besten. Sie verlor Michael und die Theaterszene schnell aus den Augen, nachdem sie unverhofft in die Kunstszene geraten war. Da waren plötzlich jene, nach denen sie gesucht hatte. Ohne es zu wissen. In der Anglistik ließ sie sich nicht mehr blicken, half indessen einer Performerin, den von ihr einst zu Fuß abgelaufenen Brautweg vom Haus ihrer Eltern zu ihrem jetzigen Haus auf Knien zu inszenieren. Sie hielt bei diesem Projekt nur die wackelige Handkamera und erzählte auf verschiedenen Panels, wie es war, einer auf den Knien kriechenden Frau im Brautkleid hinterherzugehen, natürlich musste sie hier und da einen Superlativ einbauen oder drei Adjektive in steigernder Anordnung, in jedem Fall musste sie immer von einer Erfahrung sprechen, *experience* war das Zauberwort schlechthin, und schon flogen die Visitenkarten wie von selbst in Mias Portemonnaie. Alles, was sie zu Hause noch als Gewicht empfunden hatte, löste sich auf in dem Wörtchen *experience*. Das Gewicht von Gestern war nicht

mehr auszumachen, denn die Erfahrung von heute war groß genug, um von ihr zu erzählen. Die Leute hörten sogar hin, stellte sie überrascht fest, ihre Berichte über *experiences* waren für andere wiederum eine Erfahrung, von der sie ihr und anderen berichten mussten, was wieder jemandem eine Erfahrung verschaffte, und so schaukelte sich der Alltag nicht selten zu einem kollektiven Erfahrungsorgasmus hoch. Auf Festen oder beim Kaffee unterhielt man sich über internationale Politik. Sie musste zu verschiedenen Anlässen über den »europäischen Krieg« berichten, so nannten viele in Toronto das, was man in Deutschland »Krieg auf dem Balkan« nannte. Sobald sie hörten, wo sie herkam, wollten die Leute etwas über »den Krieg in Europa« wissen, nichts über »den Krieg auf dem Balkan«. Sie fühlte sich erstmals durch die Fragen nicht festgelegt. War es die Freiheit der Fremde? Eine Zeitspanne, die Luft ließ? Nein, sie fühlte sich eher wie eine Zeugin, eine, die näher dran war und daher mehr wissen konnte.

Zu Hause hingegen fühlte sie sich immer wie eine Kronzeugin, die Frage nach dem Krieg auf dem Balkan war immer auch ein Vorwurf, als wäre sie Trägerin einer genetisch festgeschriebenen Aggression.

Ansonsten sprach man zwischen Häppchen über die eigenen Interessen oder darüber, was man vorhatte zu tun. Jeder hatte stets viel vor, was dazu führte, dass viele sich kannten und nicht selten für ähnliche Dinge einstanden. Wenn es Missstände in der Stadt gab, fanden diese sich kennenden Häppchenesser oft praktische Lösungen, die dem Einzelnen zwar etwas abverlangten, ihn jedoch vom sinnlosen Diskutieren befreiten. Während zu Hause noch Diskussionen darüber geführt wurden, wer nun dafür zuständig sein würde, welche Trägerschaft die Kosten für diese oder jene Hausaufgabenhilfe übernehmen würde, fanden sich in Toronto längst Freiwillige, die auch noch unverschämt genug waren, sich an ihrer Tätigkeit zu erfreuen. Ich darf helfen, das hörte sie oft, ganz ohne Ironie. Nicht für Ehre, nicht für ein Amt, sondern für die schlichte Freude an der Hilfe. Überhaupt, diese Freude am Tun. Das Tun als Leben an sich. Müßiggang schien nur die eine Sekunde zu sein, in der man sichtet, was um einen herum zu tun ist. Jane stand beispielsweise im Winter jeden Morgen um sechs auf, um den Schnee zu schippen, der sich nach nächtlichen Schneestürmen meterhoch auf den Straßen türmte. Schneestürme bestimmten den Winter in Toronto. Wenn Mia müde aus dem Schlafzimmer kam, die Treppen hinunter zur Küche stieg, stand Jane schon mit gut durchbluteten Wangen in der Küche und mixte Teig für ihr geliebtes indisches Nan; weiches, warmes Brot, das sie wenig später mit Marmelade frühstücken würde. Anfangs fragte Mia sich noch, weshalb sie nicht darüber schimpfte, keine Hilfe von der Stadt zu bekommen. Kein Wort darüber, es schien ihr keine Mühe zu machen, um sechs den Asphalt freizuschaufeln, es hätte mehr Mühe bereitet, die Verantwortung für den Schnee vor ihrem Haus einem anderen in die Schuhe zu schieben, selbst in die der Stadt. Mia fragte jedoch nicht, wie das kam, um die Geister, deren Abwesenheit sie genoss, nicht zu rufen.

Wenn ein Museum eröffnet wurde, sprach der Leiter bei der Eröffnungsfeier von der Freude, die Besucher haben sollten, von der Neugier, die sie hier stillen könnten. Das Leben schien ihr leicht. Die Sätze, die man zu sagen hatte, flogen nur so über den Alltag hinweg, während sie zu Hause an der kleinsten Anstrengung festklebten. Zu Hause empfand sie die viel gepriesene Bodenständigkeit als bleiern. Nein, das Leben hier wog nicht so schwer. Und sie war ihr ganz und gar nicht unerträglich, diese Leichtigkeit des Seins. Sie war sogar alles andere als unerträglich, dachte sie damals. Kurz vor Ablauf des Semesters beschloss Mia zu bleiben. Es war die einzig logische Konsequenz aus all den Schlüssen, die sie im letzten halben Jahr gezogen hatte. Sie beantragte die nötigen Papiere, durfte bleiben und schrieb sich in Visual Arts ein. Nebenfach Kunstgeschichte. Im Studium lernte sie, das eigene Leben wie ein Kunstwerk zu betrachten. Atom Egoyan hatte es ihr mit *Next of Kin* und *Family Viewing* vorgemacht. Mittendrin und außen vor zugleich, das kann die Rolle des Künstlers sein. So zeigten es seine Filme, die neben der Geschichte, die sie erzählten, auch behaupteten, ein Künstler dürfe seinen Stoff nicht mit dem Leben verwechseln, aber er dürfe seinen Stoff auch nicht nur fernab vom eigenen Leben sehen und suchen. In Egoyans Vorlesungen hatte sie am meisten über die Möglichkeiten gelernt, das eigene Leben vor eine Linse zu setzen und es anderen zugänglich zu machen. Ohne es auszubeuten oder sich selbst zu verfremden. Sie knüpfte Kontakte, machte ihre Arbeit, verliebte sich in einem Dokumentarfilmseminar in Rafael. Es war ein Leben, wie sie es nicht einmal geträumt hatte. Bis es in Toronto einfach zu ihr kam. Sie einschloss, umfasste. Und auslöschte. Das mit dem Auslöschen begriff sie jedoch erst nach der Ausstellung, als diese Leere über sie kam. Sie mochte diese Leere. Am liebsten wollte sie sich tagelang nur in sie legen oder verschlucken lassen von ihr. Rafael war es, der das nicht zuließ. Er, heillos verwachsen mit seinem Glauben an ein *pursuit of happiness*, sah in ihrer Leere schon nach wenigen Tagen ein Problem. Den Anfang oder das Ende eines Problems.

»Bei mir zu Hause sind alle so, Rafael. Das ist völlig normal, glaub mir.«

»Nein, das ist nicht normal. Schon gar nicht völlig normal.«

»Möchtest du jetzt einem ganzen Volk sein Menschenrecht auf Leere als Krankheit attestieren?«

»Nein, einem ganzen Volk nicht. Aber dir.«

»Du willst wirklich, dass ich mit einem Psychologen spreche?«

»Ja.«

»Weil ich lieber auf dem Sofa liege, als Bilder zu schießen?«

»Ja.«

Sie nickte.

»Halleluja, da bin ich, im Land der Glücksgläubigen, der Pillenfanatiker und Couch-Beleger. Ich glaube nicht an dieses Leben – mich zu einer Psychologin zu schicken, ergibt ungefähr so viel Sinn wie eine Kuh zum Hausarzt zu führen.«

Sie hat sich dennoch auf die Couch gelegt. Und es ging daneben. Kaum war sie zu Hause, machte sie Rafael diese Stunde bei der Therapeutin zum Vorwurf.

»Was sollte ich denn sonst tun? Dir eigenhändig die Haare waschen? Die Trägheit aus dir herausprügeln?«

»Das hätte zumindest meine Mutter getan. Sie hätte gesagt: Kind, ins Bad mit dir, wasch dir die Haare! Sonst gibt's was.«

»Ja. Und weil ich nicht deine Mutter bin, habe ich gesagt: Kind, geh zur Psychologin!«

»Genau, dann bezahlst du sie und bist das Problem los. Mir eine runterzuhauen wagst du aber nicht, dann müsstest du ja meinetwegen mit deinem schlechten Gewissen kämpfen!«

»Hör auf, so einen Blödsinn zu reden. Ich werd dir keine runterhauen, da kannst du auf Knien angekrochen kommen.«

»Ich wünschte aber, du würdest mir eine runterhauen! Ich wünschte, du würdest einmal sagen, ich gehe dich was an!«

»Das, was ich mache, heißt das nicht?«

»Was machst du denn? Mit großen Augen ›es geht dir schlecht‹ sagen! Und mich dann auf die Couch legen, damit mir jemand Wildfremdes zuhört. Glückwunsch! Ach, ich bin ja selbst schuld. Ich hätte nicht einwilligen müssen.«

»Einwilligen in die Unverfrorenheit, dass dir jemand helfen will? Dass es jemand wagt, dir zu sagen, du lässt das Glück nicht zu?«

»Nein. Eingewilligt habe ich in die Unverschämtheit, dass eine meint, mit so einem bescheuerten Satz ihr Geld verdienen zu können.«

»Manchmal will man sein Glück nicht, das ist kein großes Geheimnis.«

»Ist es nicht?«

»Nein, ist es nicht.«

»Wie schön, dass ich dafür dann einen ganzen Haufen Dollarscheine hinlegen musste!«

»Ich hab es doch bezahlt!«

»Ist doch völlig egal, wer von uns beiden es bezahlt hat! Sie hat es kassiert. Denkst du allen Ernstes, ich verstehe nicht, was mir grade passiert? Weiß diese verehrte Dame

vielleicht, was ich dafür getan habe, um zu diesem angeblichen Glück zu kommen?«
»Wenn du ihr so viel erzählst wie mir, weiß sie es wohl eher nicht.«
»Genau. Sie weiß es nicht. Genauso wenig wie du.«
»Richtig, ich weiß auch nichts.«
»Du könntest es aber wissen. Man kann sich manche Dinge auch selbst denken. Aber nein, hier kann sich niemand etwas selbst denken, hier muss jeder jedem seine letzten Temperaturschwankungen durchgeben: *Oh, today I feel like I feel … a little fevery. High temperature, you know? I feel like I feel …* Ich kann das nicht mehr hören. *Soulsearching!* Was für ein Wort! Ich bin weit weg von allem, Rafael. Meinem Land, meinen Menschen, allen. Und jetzt will sie mir allen Ernstes einreden, ich hätte Angst vor diesem Erfolg? Vor einem Erfolg, den ich mir erarbeitet habe? Wer hat denn dann so hart für diesen Erfolg gearbeitet, habe ich sie gefragt. Muss Erfolg immer gleich Glück bedeuten, habe ich sie gefragt. Darauf wusste sie natürlich keine Antwort! Das ist dann Philosophie.«
»Mia, diese Leute sind nicht dazu da, um dir Antworten zu liefern.«
»Warum drückst du ihnen dann die verdammten Dollarscheine in die Hand, wenn sie nicht liefern?«
»Weil ich meine soziale Ader zum Ausdruck bringen wollte, deshalb.«
»Na, dann hättest du sie besser mir gegeben.«
»Du brauchst sie ja jetzt erst mal nicht mehr. Was dir fehlt ist nicht Geld, sondern eine S-e-e-le!«
Sie schlug auf ihn ein. Sie rauften, verknoteten sich, lagen erschöpft auf dem Boden, ihre Herzen rasten.

»Vielleicht ist es genau das alles, Mia. Das alles.«
»Was alles?«
»Wenn der Kampf vorbei ist, dann hast du es geschafft. Dann bist du drüben, über die Brücke, über die du seit Jahren gehst. Und die anderen bleiben ein für alle Mal auf der anderen Seite. Du denkst vielleicht, du wolltest da hin, aber ob man wirklich an einen Ort will, weiß man doch erst, wenn man am Ziel ist.«
»Darf ich bitte ein Inserat für dich aufgeben: Männlich, ledig, Sozialarbeiter sucht …«
Er stößt ihr den Ellbogen in die Rippen.
»Wer hat eigentlich dieses Unbewusste, auf das sich hier alle stürzen, je bewiesen?«, fragt sie trotzig.
»Niemand. Es macht nur manchmal Sinn, das Unbewusste mitzudenken.«
»Sinn für wen? Für die Frau, der du vorhin die Dollars in die Hand gedrückt hast?«
»Für die macht es bestimmt Sinn.«
»Für die macht es sicher Sinn.«
»Ja, Mia, wir können jetzt auch die ganze Nacht über diese Frau, den Sinn des Unbewussten oder Dollarscheine reden …«
»Ich weiß, ich weiß. Du würdest viel lieber über mich reden. Oder uns.«
»Ganz genau.«
»Wie zum Teufel gerät eine Ex-Jugo wie ich an einen Südländer wie dich, der von einem Südländer nichts mehr im Blut hat? Völlig gehirngewaschen …«
»Weil ich so …«
»O ja, weil du so unwiderstehlich …«
»Etwa nicht?«

»Ich weiß nicht, ob ich dich so unwiderstehlich gefunden hätte, wenn ich mehr Leute gekannt hätte damals …«

»Das spielt keine Rolle, meine Liebe, du warst einsam, und ich war genau der Richtige dagegen.«

»So einsam war ich auch wieder nicht. Ich kannte eine ganze Menge Leute.«

»Ja, aber trotzdem. Deine Einsamkeit hat man dir von weitem angesehen.«

»Pass auf jetzt!«

»Ein bisschen einsam, ein bisschen geheimnisvoll. Und stark genug, um beides auszuhalten.«

Er küsste ihren Nacken.

»Es ist gut, dass du damals noch einsam warst.«

Seine Küsse wanderten zu ihrer rechten Schulter.

»Hast du dich je gefragt, ob wir uns kennengelernt hätten, wenn ich zurückgegangen wäre mit meinen Eltern?«

»Zurück wohin?«

»Zurück nach Split.«

»Warum bist du denn nicht mit ihnen zurück?«

»Ich glaube wegen Jesus.«

»Diese Dreckswildlederjacke. Dass man dich damit so beeindrucken kann.«

»Willst du jetzt reden oder nicht reden?«

»Jetzt gerade … ?«

Sie drehte ihren Kopf zu ihm und zog die rechte Augenbraue hoch.

»Reden natürlich.«

»Gut … Ich weiß viel weniger über Jesus als du über mich.«

»Dann scheint ihr gemeinsam zu haben, dass ihr Menschen mit nur wenigen Sätzen für euch vereinnahmen könnt.«

Mia schüttelt den Kopf.
»Wir teilen uns schon mit, Rafael, wir reden. Aber eben anders.«
»Ich weiß nicht, ob das auf Dauer reicht, dieses anders.«
»Dir vielleicht nicht.«
»Ja, mir vielleicht nicht.«
Mia versucht das Ziehen im Bauch zu ignorieren.
»Jesus war ein Penner, als ich ihn kennengelernt habe. Weißt du, dass ich heute, wenn ich an Pennern vorbeilaufe, oft stehenbleibe, weil ich sie anstarren muss. Wie eine Irre stehe ich da und starre. Immer wieder. Und wenn sie zurückstarren, schäme ich mich, weil ich sie anstarren kann, ohne sie wahrzunehmen. Es ist, als würde ich sie gar nicht sehen, sondern in ihnen nach dem Mädchen suchen, das so einen Typ anspricht und mit nach Hause nimmt. Das Mädchen, das ich gewesen sein muss.«
»Das Mädchen hätte wahrscheinlich nicht ›so einen Typ‹ gesagt.«
»Wahrscheinlich nicht.«
Sie schweigt.
»Ich habe ihn im Viertel kennengelernt. Mit zwölf, dreizehn, weiß nicht mehr genau. Er war ein Penner, lebte aber in einer Dachwohnung voller Bücher. Er konnte malen, höllisch gut malen.«
»Hat er dich zum Fotografieren gebracht?«
Sie schüttelt den Kopf.
»Nein, zum Sehen.«
»Verstehe. Und was ist aus ihm geworden?«
»Ich weiß es nicht.«
»Du weißt es nicht.«
»Nein, ich weiß es nicht.«

»Wie alt war er denn?«
»Weiß ich auch nicht. Er kam mir ziemlich alt vor.«
»Muss nichts heißen. Mit zwölf kommt einem zwanzig schon alt vor.«
»Mag sein. Ich glaube, es lag an seinem Bart. Dieser Bart hat ihn alt gemacht.«
»Was ist mit diesen Leuten, Mia, was ist jetzt mit ihnen?«
»Weiß ich nicht.«
»Wie erträgst du das, es nicht zu wissen?«
»Wunderbar, wie du siehst!«
»Und was tust du dagegen?«
»Was soll ich denn bitte dagegen tun? Soll ich allem und jedem hinterherrennen, was mir fehlt? Das Leben fährt an uns vorbei. So ist es. Es fährt an uns vorbei, und es fährt immer weiter weg, je älter wir werden. Es wird immer mehr fehlen. Soll ich allem nachrennen?«
»Dann wird es ja ein Vergnügen, mit dir alt zu werden.«
»Vielleicht ist es ja für einen anderen ein Vergnügen!«
»Vielleicht aber auch nicht.«
Er kneift sie zärtlich.
»Wo ist dieser Jesus? Was ist aus ihm geworden? Wo ist deine Zora, von der du erzählt hast, wo sind diese Leute?«
»Woher soll ich das wissen, Rafael.«
»Woher du das wissen sollst? Das weiß ich doch nicht. Aber wissen solltest du's. Dein Leben beginnt nicht hier, Mia. Es beginnt nicht hier, nicht in Janes Haus, nicht mit mir. Fang an, da zu suchen, wo du weißt, dass es einmal war.«

Sie sitzt keine tausend Schritte entfernt von dort, wo ihr Leben einmal war. Rafael sitzt ihr im Nacken. Immer wieder diese letzten Gespräche, Sätze, Momente. Rafael würde jetzt darauf drängen, das Café endlich zu verlassen, er würde aus der Tür stürmen und sie verärgert am Tisch sitzen lassen. ›Warum sitzt du eigentlich noch sinnlos an diesem Tisch herum?‹, würde er vorher fragen oder draußen vor dem Schaufenster wild gestikulieren, um sich daran zu erinnern, dass sein Vater Italiener war. Warum, würde er also gestikulieren. Schwarzer Gürtel im Warten, würde sie ihm antworten. Darum.

Sie zahlt, verlässt das Café. Sind es seine Sätze, die sie nun gehen lassen? Ist es auch hier noch immer er, der sie antreibt, der sich ihr Leben zu seinem macht? Ihre Schritte zersetzen das Schneesalz. Sie geht durch vergangene Zeiten und abgestandene Luft, denkt sie. Dieser Gedanke lässt ihren Unwillen anschwellen, verlangsamt ihr die Schritte – oder zumindest dehnt er die Zeit. Rafaels Geschwätzigkeit liegt mit einem Schlag wie eine Staubwolke über ihr. Gleich werden all seine Sätze über sie hereinbrechen, und sie wird kaum Luft holen können unter den ganzen toten Worten. Was ihr in Kanada noch vorkam wie Liebe oder Halt, zerfällt hier zu einem Besorgnisstaub, der sich über die Bronchien legt und das Atmen zu einer geräuschvollen Anstrengung verkommen lässt. Das Atmen fällt ihr plötzlich schwer. Sie will Luft holen, allein das Wollen macht es noch schwerer, es ist, als würde mit jedem Versuch die Lunge kleiner. Sie will umdrehen. So geht das nicht, denkt sie, einzig seine Geschwätzigkeit hat sie hierhergebracht, nichts weiter. Seine Rührseligkeit, all seine Phantasien über ein erfülltes Leben, ein Punkt, von dem wir ausgehen und der ach, wer weiß schon, was … Sie ist drauf und dran, umzudrehen, als Touristin durch die Straßen zu gehen, den Blick nicht rückwärtsgewandt, bis ihr ein altes Fahrrad am Straßenrand auffällt, darauf, an der Fahrradstange befestigt, ein weißes Werbeschild. Mit schwarzem Edding hatte da einer geschrieben: *Mittagtisch inkl. kl. Getrenk. 8 Euro.* Und sie weiß genau, wer »einer« ist. Oder besser »eine«. Die Idee mit dem Fahrrad ist älter als sie selbst. *Ich will da vorne ein altes Fahrrad hinstellen, so eins mit einem Angebot,* hatte Zora immer gesagt – und es nie getan. Mia will umdrehen. Auf der Stelle zurück. Doch sie folgt dem Pfeil auf diesem Schild. Sie hat alles erwartet, aber nicht das. Eine Art stillgelegten Bahnhof hatte sie erwartet, oder sonst etwas, das an gestern erinnert und menschenleer ist.

Kaum steht sie vor dem Gebäude, spielt ihr Gedächtnis die alten Bilder ein, die alten Farben und Gerüche. Sommertage. Weiße Plastikgartenstühle. Blaue Plastiktischdecken. Immer alles pflegeleicht, praktisch, beständig. Nirgends Sinn für die Oberflächen. Während sie so vor dem Haus steht, zur Eingangstür blickt, erwärmt sich die Luft, die alten Sommer umfassen sie, sie hört Zora, wie damals, aus dem Restaurant rufen: *Wo bleibst du denn, beeil dich, dein Essen steht schon da, du Hündin …* Mia schüttelt den Kopf, die Sommerluft ihrer Erinnerung verflüchtigt sich, und sie friert wieder. Sie geht auf die Tür zu, über der noch immer Restaurant Dalmatia steht, blickt durch die Scheiben hinein. Es wuchert. Überall Grün. Sie zieht an der Tür. Offen. Schnell drückt Mia die Tür wieder zu, holt Luft, die warme Sommerluft ihrer Erinnerung. So, mit dieser Luft in der Lunge, tritt sie ein.

Ein lauter Schrei ertönt durch den Raum … Aus der hinteren Ecke, neben dem Tresen, kommt eine mit schwarzer Hose und schwarzer Weste bekleidete Frau mit maskulinem Gang und toupiertem Kurzhaarschnitt auf Mia zu. Sie hebt die Arme in die Luft, als würde jemand einen Revolver auf sie richten.

»Ist das denn möglich? Ist d-a-s möglich?«

Mia nickt.

»Ist möglich, ja!«

Mia schwankt zwischen Ungläubigkeit und Freude, sie ist immer noch nicht sicher, ob hier ihre Erinnerung … Doch Zora lässt sie nach nur wenigen Sekunden in einer harten Umarmung untergehen. Als sie daraus auftauchen, wischt Zora sich mit einer rauen Geste die Augen trocken.

»Fern den Augen, fern dem Herzen!«, fasst Zora Mias jahrelange Abwesenheit in einem Satz zusammen.

»Nie fern dem Herzen, Zora, nie. Du nicht.«

Zora winkt ab.

»Ich nicht. Aber mein Telefon, was?«

Mia kann nicht ganz glauben, eben diesen Satz von sich gegeben zu haben. Nie fern dem Herzen? War sie das?

Das Restaurant sieht aus wie immer, nichts ist renoviert worden, die Zeit hat ihre Spuren hinterlassen, doch nichts wirkt vernachlässigt, im Gegenteil, es gleicht einer gealterten Frau, die sich, den Jahren zum Trotz, noch die Lippen schminkt und die Haare einmal wöchentlich vom Friseur legen lässt. Mia meint einen Moment, in diesen Räumen noch immer viel von gestern zu sehen, kurz überkommt sie sogar das Gefühl, erst gestern hier gewesen zu sein. Dann, fast unmittelbar darauf, das Gefühl, diesen Raum noch nie betreten zu haben. Im Sekundentakt lösen sich diese beiden Gefühle in ihr ab. Zora nimmt sie noch einige Male fest in die Arme und kneift ihr in die Wangen. »Wann ist aus Zoras Körper ein harter Körper geworden?«, fragt sie sich.

»Was guckst du denn so? Ich bin eine alte Frau jetzt, ja. Das wird dir auch noch so gehen.«
Zora feuert drei Küsse auf ihrer rechten Wange ab.
»Dite moje, di si mi bila?«
Wo warst du mir nur, mein Kind, fragt sie, und Mia erinnert sich an dieses seltsame Fragen, das das eigene Tun und Sein auch auf den anderen bezieht.
»Ich war dir in Kanada!«, antwortet sie. Zora sagt nichts dazu, feuert noch einmal drei Küsse ab und zieht sie schließlich an der Hand zum Angestelltentisch. Immer noch der alte Angestelltentisch, denkt Mia, ohne den Mann zu beachten, der mit dem Rücken zu ihr am Tisch sitzt.
»Den kennst du noch? Den hast du hier angeschleppt!«
»Ich?«
Sie konnte sich nicht daran erinnern, je einen Tisch für das Restaurant besorgt zu haben.
»Wer denn sonst! Du und deine liebe Phantasie! Da sitzt er immer noch, dein Gottessohn, und ernährt sich von meinem Hackfleisch!«
»Chesus?«
»Jesus.«
Sie beobachtet ungläubig, wie der Mann vom Stuhl aufsteht und sich langsam zu ihr umdreht.
»Chesus.«
Sie sehen sich in die Augen. Zora verschwindet für genau die drei Sekunden, die Mia mit den Tränen kämpft. Wer ist dieser ältere Mann und diese alte Frau, fragt sie sich und reicht ihm die Hand.
»Den hast du wohl vergessen da in deinem Kanada! Seit Jahren füttere ich deinen Spanier durch! Seit Jahren! Ist nicht besser geworden mit meinem schwachen Herz!«

»Und mit deinem Mundwerk auch nicht!«, entgegnet Mia und läuft vor Scham rot an. Wie kann sie so mit dieser Frau reden?
»Setz dich, Mia, nimm Platz!«, sagt Jesus.
»Danke.«
»Mijo, Mijo, Mijo.«
»Ja?«
»Mijo!«
»Ja, da bin ich, ja.«
Mia ist bereits genervt. Schon nach fünf Minuten ist sie auf eine Art genervt, die sie fast nicht mehr an sich kennt. Das also ist ihre Zora. Laut. Ungehobelt. Taktlos. Ein respektloser, abgemagerter Wirbelwind in schwarzen Klamotten. Was für einen Lärm ihre Sätze machen. Aus der Küchentür tritt eine klein gewachsene, kräftige Frau mit durchsichtigen Nylonstrümpfen über den dicken Waden, einem weißen Kittel und einem Küchentuch über den Haaren. Sie stellt einen Fleischberg vor Mia auf dem Tisch ab. Mia zögert. Früher wäre ihre Mutter die Frau gewesen, die aus der Küche kommt.
»Was? Magst du kein Fleisch mehr? Sag bloß nicht, diese Vegetarier haben dich jetzt auch? Es reicht mir mit diesen Vegetariern, sie sind mir immer schon auf die Nerven gegangen, schon als diese ganze Mode anfing, dachte ich, mit diesen Gottlosen ist doch kein Geld zu machen! Und wie das dann so ist, wenn du fluchst, kommt dir der Teufel persönlich ins Haus! Meinem Ivo, meinem einzigen Kind, muss ich Salate auf den Tisch stellen. Und seine Frau! Du kennst sie noch gar nicht. Vom gleichen Schlag, als hätte er sie auf einem Vegetarierbazar kennengelernt! Aber diese Frau, meine sogenannte Schwiegertochter, die scheißt nicht nur

auf Tiere, die trinkt nicht einmal mehr die Milch von diesen Tieren! Den meisten kann man zumindest Ziegenmilch andrehen. Ziegenmilch, weißt du noch? Deine Baba Ana hat sich mit Ziegenmilch das Leben um mindestens zehn Jahre verlängert! Aber nein, mein Sohn und die seinen, die brauchen ihre Milch pflanzlich. Milch von Pflanzen!«

Mia sieht Zora fassungslos an.

»Zora, wer war diese dicke Frau?«

Zora schüttelt den Kopf.

»Dicke Frau! Du kriegst gleich eine hinter die Ohren. Fata. Fata ist das. Nichts mit fett. Fata hat drei Kinder zu Hause, das kann eben fett machen. Das ist aber kein Fressfett, das ist Lebensfett. Sie arbeitet hier, seit deine Eltern weg sind. Bei denen meldest du dich ja auch nicht mehr, nur das Nötigste: Weihnachten, Ostern, Namenstag … Als hätten die dich auf der Straße aufgelesen, so tust du da drüben in deinem Amerika, genau so tust du … Mijo, so eine Schande, Mijo.«

»Kanada, Zora, Kanada!«

Zora verzerrt ihr Gesicht zu einem Leidspektakel und wirkt von einer Sekunde auf die andere gewollte fünfzehn Jahre älter. Es fehlt zu diesem Gesicht nur noch ein Witwenkopftuch als Rahmen, denkt Mia, und das zur Schau gestellte Gejammer könnte sich über Tage erstrecken. Sie hasst diese Altweibergesichter, dieses Altweiberdorfleid, das sich zwischen Mund und Augenwinkeln ausstellt, alle Freuden des Lebens aus dem Gesicht verbannt, solange jemand zusieht. Dazu das Wort Schande. *Sramota*. Bei einem Wort wie Schande stellen sich bei Mia die Nackenhaare auf. Sie weiß nicht, wann sie das letzte Mal dieses Wort oder so ein Gesicht dazu gesehen oder gehört hat. Zum Glück fällt

Zora schnell wieder aus der Rolle. Mehr davon, und Mia würde aus dem Restaurant rennen.

»Ja, jetzt bist du da am Ende der Welt. Wo soll das genau sein, Kanada?«

»In Nordamerika.«

»Sag ich doch, Amerika!«

»Kanada.«

»Hast du denn wenigstens einen Mann da? So eine Schande, die Jahre gehen ins Land, und du hast immer noch keinen Mann. Du siehst zwar jung aus, Mijo, aber du bist nicht mehr zwanzig. Deine Gebärmutter interessiert sich nicht dafür, wie jung du aussiehst.«

Mia holt tief Luft. Was für eine Rückkehr, denkt sie, da geht schon nach fünf Minuten eine ihr inzwischen wildfremde Frau ihre Gebärmutter an. So hatte sie sich das nicht vorgestellt.

»Nein, meine Gebärmutter ist keine zwanzig mehr.«

Mia setzt hinter jedes Wort eine strenge Atempause, doch für solche Nuancen hat Zora bei diesem Thema keine Sensoren. Es gibt keine Kinder, das scheint die einzig wichtige Information zu sein und ein absolut nicht wegzuatmendes Problem.

»Ich als alte Frau sag dir das, Mijo: So ein Leben ohne Kinder, das kannst du vergessen. Du kannst dich sofort unter die Erde legen ohne Kinder, brauchst gar nicht mein Alter abzuwarten. Das Alter ist hässlich. Es ist schon mit Kindern hässlich. Ich habe diesen einen Sohn, der will nicht viel von mir wissen, und mein Fleisch will er auch nicht, aber wenn was ist, dann ruft er an, versteht du? Wenn ich den nicht hätte, hätte ich gar nichts, gar nichts, verstehst du? Das Leben ohne Kinder ist hässlich.«

»Ist schon gut Zora. Wie alt bist du denn jetzt?«

»So alt, dass andere schon in Rente wären. Aber ich hab ja diesen Laden, der ist besser als irgendeine Rente von keinem Geld. Wo ich hinwill, wüsste ich auch nicht, was soll ich da runtergehen? Die können unten nicht mehr mit mir, und ich kann nicht mehr mit denen. Hier weiß ich zumindest, wie es geht und was ich nach dem Aufstehen tun soll. Und dein Spanier will außerdem auch ernährt werden.«

Jesus lächelt. Nimm das Gerede nicht ernst, sagt sein Lächeln, sie soll hinter das Gesagte blicken, weit dahinter – sein Blick stimmt sie mild.

»Jedenfalls arbeitet Fata schon hier, seit deine Eltern wieder in Split sind. Ich hätte auch nie gedacht, dass mir mal eine Muslimin mein Schwein auf den Grill legt, aber von den Kroaten kriegst du hier ja keinen mehr in die Küche. Die sind jetzt alle Herrschaften geworden, richtige Herrschaften. Da arbeitet keiner mehr in einer Küche und macht sich die Hände schmutzig, wo denkst du hin? Kroaten waren schon immer ein arrogantes Volk, sag ich dir, nur die Armut mäßigt ihre Arroganz, aber sobald sie nicht mehr arm sind … Wo schläfst du eigentlich?«

»Im Hotel.«

»Ich werd verrückt. Sie schläft im Hotel und hat eine Tante in Berlin. Bin ich denn eine Fremde? Du gehst sofort in dein Hotel, packst deine Sachen und bringst sie zu mir.«

»Nein, Zora, danke … Es ist ein schönes Zimmer, es ist billig …«

»Ich hab auch ein schönes Zimmer, da oben«, sie zeigt mit dem Zeigefinger an die Decke, »das kannst du für dich allein haben, und nichts ist billiger als kein Geld! Jesus kommt mit ins Hotel und hilft dir mit dem Gepäck. Oder hast du etwas anderes zu tun, Spanier?«

Mia und Jesus treten nacheinander aus dem Restaurant. Als die Tür zufällt, bleiben sie nebeneinander stehen, seufzen erleichtert und lachen. Mia schüttelt den Kopf. Er nickt.
»Was erwartest du, wenn du dich nach so vielen Jahren unangekündigt blicken lässt?«
»Ich hätte nicht gedacht, dass sie, dass du, dass ihr … noch hier seid.«
»Ich hätte nicht gedacht, dich je wiederzusehen.«
Sie lachen.
»Es ist gut, wenn es nicht kommt, wie wir denken.«
»Ja, Jesus, das ist es. In diesem Fall ist es sogar sehr gut.«
War sie nicht eben noch entrüstet gewesen? Wo kam diese versöhnliche Stimme her?
»Wo ist dein Hotel?«, fragt er.
»So zwanzig Minuten von hier.«
»Zu Fuß?«
Sie nickt. Und geht los. Er folgt ihren Schritten, bemüht sich, seine nicht größer ausfallen zu lassen als ihre. Mit festen Schritten und im gleichen Rhythmus gehen sie nebeneinander her. Als sie an dem Fahrrad vorbeikommen, zwinkert er ihr zu. Wenige Meter vor der Ampel bleibt er stehen, hier, sagt er, und sie nickt. Er sieht sie an dabei, seine Augen leuchten frech, ungewöhnlich frech für einen Mann in seinem Alter, denkt sie, obschon sie sein Alter nicht genau schätzen kann. Ja, hier hat er sie aufgelesen. Genau an dem Fleck, über den sie jetzt gehen werden. Jesus beobachtet sie genau. Sie spürt seine Blicke. Dann zeigt die Ampel Grün, und sie beeilen sich, die Kreuzung zu überqueren.

»Wie alt bist du jetzt?«

»Achtunddreißig.«

»Acht-und-dreißig«, wiederholt er kopfschüttelnd.

»Etwa so alt war ich damals.«

»Du Achtunddreißig? So ein Blödsinn, du warst steinalt!«

Seine Augenwinkel zeichnen weiche Falten, ein angedeutetes Lächeln, vermutet sie, um seine Mundwinkel legt sich eine Milde, denkt sie, weiß es nicht, sie weiß nur, seine Sanftmut tut ihr beinahe weh. Endlich grollt er. Dieses Lachen ....

»Dann bist du jetzt ...?«

»Älter als du, wenn mir die Dame diese Diskretion gestattet.«

»Ja, gestattet sie.«

Sie gehen nebeneinander her. Mia fühlt sich mit jedem Schritt, den sie macht, leichter. Jünger.

»Gleich fängst du zu hüpfen an.«

»Woher weißt du das?«

»Ich erinnere mich gut an dich.«

Etwas an diesem Mann zerschlägt sie. Sie spürt Tränen aufsteigen, versteht es nicht. Sie versteht nicht, was es zu weinen gäbe jetzt. Bei ihm. Jetlag, denkt sie, dabei würde sie ihm am liebsten um den Hals fallen, sagen: »Ich erinnere mich an fast gar nichts, Jesus, an fast nichts.« Doch wie kann sie sich, wenn sie sich an fast nichts erinnert, diese Umarmung wünschen, diesen Satz sagen wollen? Wieso ist ihr dieser Mann trotz allem vertraut? Sie verbittet sich ihre Fragen, ihr ist, als könnte er sie hören. Es liegt etwas Indiskretes in seiner Art sie wahrzunehmen, denkt sie, schafft endlich den Abstand zwischen sich und ihm, den sie braucht. Sie hat diesen Mann als liebevollen Kauz in Erinnerung, doch der, der jetzt neben ihr geht, ist ein anderer Mann, hat nichts Kauziges, nur etwas äußerlich Verwahrlostes, das nach wie vor. Wie konnte sie ihn für einen Penner halten? Gerade erinnert er sie an die bärtige Version ihres kroatischen Lieblingsschauspielers, Rade Šerbedžija. Damals hat sie von Šerbedžija noch nichts gewusst, und wenn, so hätte es nichts geändert, er wäre ein Penner in ihren Augen, ein Penner, der eben auf der Bühne steht.

»Laphroaig. Zwei Mal.«
Der Wirt stellt zwei Gläser Whisky auf den Tresen.
»Wir müssen jetzt auf dich anstoßen, bevor wir deine Sachen holen.«
»Mit diesem La…?«
»Laphroaig.«
»Das riecht hart.«
»Das ist hart. Erst recht für eine wie dich.«
Mia kippt den Whisky mit einem Schluck.
»Mein Gott, das tut weh«, sagt er mitleidig.
»Ja, das tut es.«
»Man nimmt einen Whisky langsam in die Hand, meine Liebe. Dann riecht man an ihm.«
Er nimmt ihn langsam in die Hand, riecht an ihm.
»Dann nimmst du einen Schluck … hältst ihn auf der Zunge … und schluckst.«
Er folgt seinen eigenen Gebrauchsanweisungen, atmet schließlich laut aus, schließt kurz die Augen.
»Dann atmest du tief aus, sodass dein Nachbar den Geruch von Petroleum in der Nase hat.«
Sie verzieht angewidert das Gesicht.

»Verstehe. Alles falsch gemacht.«
»Ich fürchte, ja. Ist kein Tequila, das Zeug.«
»Jetzt hast du doch deine Genugtuung, oder nicht? Musst du noch weiter darauf rumreiten?«
Er legt die rechte Hand auf ihre Schulter.
»Ich trinke eigentlich nicht.«
»Das hab ich gemerkt.«
Das Lachen grollt aus ihm. Petroleumgeruch steigt ihr in die Nase, dazu der Geruch von ranzigem Alkohol, der sich im Kneipenholz festgebissen hat. Der Geruch stößt ihr auf.
»Hier bist du also häufiger?«
»Immer wieder, ja.«
»Und bei Zora?«
»Jeden Tag.«
»Seid ihr …?«
Er schüttelt den Kopf.
»Deine Tante ist die großartigste Frau, die ich je getroffen habe. So etwas vermasselt man sich nicht, indem man sich in sie verliebt.«
»Was seid ihr dann?«
»Dein Tante und ich? Pferd und Gespann. Zwei Seiten einer Medaille … All so was.«
»Seit wann?«
»Seit ein paar Jahren.«
»Wie kam es dazu?«
»Wie es eben zu Dingen kommt.«
»Nicht so genau bitte, Jesus.«
»Genauer geht es nicht. Es hat sich ergeben. Ich hatte Hunger, und sie hatte Essen. Ganz einfach.«
Sie bohrt nicht weiter, obwohl es ihr nicht reicht. Es muss einen Grund gegeben haben, einen Anlass, etwas, das die

beiden zusammengeführt hat, diesen Raum geöffnet hat. Soweit sie weiß, hatte Zora nach dem Tod ihres Mannes keine Beziehung mehr. So etwas hätte sie gehört. Dann wieder nicht, wer hätte es ihr sagen sollen? Ihre Mutter bei den monatlichen Telefonaten, in denen sie sich nur auf den neuesten Stand brachten. Sie bremst sich. Wieder ist ihr, als könnte er ihre Gedanken lesen.

»Ich kann deine Gedanken nicht lesen, Mia, du musst gar nicht so gucken.«

Sie schüttelt den Kopf.

»O doch … Und wie ich das muss.«

Er legt dem Kneipenwirt einen Schein auf den Tisch. Sie gehen in Richtung Hotel.

»Hat sich viel verändert?«, fragt er sie.

»Schon.«

»Das musst du mir eines Tages in Ruhe erzählen.«

»Ich bin nicht für lange gekommen, Jesus. Nur für zwei Wochen.«

»Mag sein.«

»Hier ist das Hotel. Wartest du im Foyer, und ich hole solang die Sachen?«

»Soll ich schon mal abklären, dass du das Zimmer kündigst?«

»Ja, mach das.«

Sie nimmt den Aufzug zu ihrem Zimmer. Dritter Stock. Ja, mach das. Sie lässt niemanden ihre Arbeit machen, im Gegenteil. Normalerweise hätte sie gesagt: »Danke, schon gut. Das mache ich gleich selbst. Setz dich einfach und warte auf mich.« So oder so ähnlich hätte sie es gesagt. Der Hotelflur ist lang. Ihr Zimmer riecht nach altem Rauch. Obwohl es längst nur an Nichtraucher vermietet wird, hat

sich der Rauch in Wände und Möbel gefressen. Sie packt ihre Sachen in den Koffer. Wieder packt sie Sachen in den Koffer. Als sie aus dem Aufzug steigt, steht Jesus an der Rezeption und hat alles geklärt. Sie bezahlt trotzdem für diesen Tag, entschuldigt sich für die Unannehmlichkeiten, die sie verursacht hat. Der Hotelangestellte winkt ab. Verstört über die Unkompliziertheit des Moments verlässt sie das Foyer.
»Torstraße. Da hast du dir einen Ort ausgesucht.«
»Als wäre Brunnenstraße besser.«
»Auch wieder wahr.«
Schweigend gehen sie an diesem Winternachmittag zurück in Zoras Restaurant. Es dämmert früh, schon gegen vier hat die Dunkelheit sich in die Straßen gefressen, Straßenlampen leuchten spärlich die Wege aus, ungemütlich, doch die Kälte kriecht nicht tief in sie hinein, nicht bis in die Gehörgänge, zu den Flimmerhärchen, wie Mia es erwartet hat. Nicht einmal die Nasenhaare gefrieren. Torontos Winde schneiden härter ins Gesicht, in die Ohren, in die Nase. Am Rosenthaler Platz löst Jesus zwei Fahrscheine zur Voltastraße und trägt Mias Koffer in den U-Bahn-Schacht hinunter. Mia übersieht das Haus, in das sie nun tritt, übersieht die Fassade, die sie am Morgen noch fotografiert hat. Sie ist gerade, ohne es zu bemerken, in das Haus getreten, das früher noch in einem anderen Land stand, das sie heute Nachmittag noch auf das Display ihrer Kamera gezwungen hat. Sie läuft wie im Halbschlaf die Treppen hinab zu den Gleisen. Erschöpft stellt sie sich ans Gleis und starrt auf die Wand gegenüber, als läge ein Schleier zwischen ihr und der Außenwelt. Sie braucht ihn jetzt. Diesen Schleier. Aus mehr als Schweigen.

»Ich werde Zora bitten, dich gleich in die Wohnung zu bringen«, sagt Jesus, nachdem er vom Stempeln der Karten zurückkommt.
Sie nickt, ihr ganzer Körper ist völlig widerstandslos. Wenig später schläft sie in Zoras Gästebett ein. Sie sind auf dem Weg von der Haltestelle an der alten Eisdiele vorbeigelaufen, in der sie als kleines Kind mit ihrer besten Freundin Eis verkauft hat. Bis ihre beste Freundin verschwunden ist. Es war so schnell im Vorbeigehen nicht auszumachen, was heute in dem Laden verkauft wird. Im Traum sieht sie den Laden noch einmal so, wie er früher war, sieht sich mit Sara Lombardi hinter der Eistheke ihrer Eltern stehen. Es ist ein schöner Traum, anfangs, in hellen Farben. Die Lombardis. Sara und Mija La Rosa, wie Giovanni Lombardi, der Vater von Sara und Inhaber des Eiscafés um die Ecke, Mija gerne nannte. Seit der ersten Klasse saßen Sara und Mija in der Schule nebeneinander, eine unzertrennliche Mädchenfreundschaft. Vor, nach und in der Schule zusammen, versteht sich. Giovanni hielt im Laden stets zwei kleine Hocker bereit, »elfa«, wie er sie nannte, auf die sich die beiden Mädchen stellten, wenn sie Eis verkaufen wollten. Und wie die beiden Eis verkaufen wollten! Wenn die Eiszeit anbrach und die Leute Schlange standen, kam Giovanni kaum nach. So hatte er Mija und Sara zu Spezialistinnen für Spaghettieis mit Sahne ausgebildet, da etwa jeder zweite im Berliner Wedding verrückt war nach zu Spaghetti verarbeitetem Vanilleeis mit rotegrützeroter Soße. Mija kugelte das Vanilleeis und ließ es in die Spaghettipresse fallen, Sara platzierte die Sahne in Fließbandgeschwindigkeit auf den Becherboden der Plastikbecher. »Scheene kreisefermig, die Saane!«, Giovanni war ein Pedant. Wenn

Mija die Presse mit vier Kugeln Eis angefüllt hatte, legte Sara ihr einen der bunten Becher auf die Arbeitsfläche, und Mija presste die Spaghetti. »Necksta bitte! Neckstaa!« Trotz des Andrangs hatten Sahne und Spaghetti gleichermaßen kreisförmig in die Becher zu gelangen; Giovannis schielendes linkes Auge achtete genau darauf. Er war stolz auf seine Mädchen, lachte gern laut und jonglierte gekonnt mit Eiskugeln. Die Kunden, nicht nur die kleinsten unter ihnen, bewunderten seine Kunststücke, erwarteten neugierig seine nächsten Showeinlagen und Sprüche, denn er war und wollte kein einfacher Eisverkäufer sein. Er wollte ein Clown sein mit Eis im Koffer.

Die Lombardis kamen aus Umbrien, Assisi, »Weshalbe die Eise-diele Panorama eisst!«, erklärte Giovanni, und jeder, dem er das so erklärte, wartete auf den Satz, der nicht mehr kam. Man nickte nur, und Giovanni strahlte. Sara und Mija brüteten von der ersten Klasse an nachmittags über den Hausaufgaben, mal bei Zora, mal bei Giovanni, lieber jedoch bei ihm, weil dort noch Luisa war. Luisa, Frau von Giovanni und Saras Mutter, eine Frau, ausgestattet mit unbezahlbaren Accessoires wie Geduld und Güte, selbst geschneiderten Kleidern und maßloser Freude an Kindern. Auch an den eigenen. Sie half den beiden hier und da, wenn sie einmal nicht weiterwussten, brachte Süßigkeiten, wenn die Geduld nachließ. Mehr als alles andere an Luisa liebte Mija ihre Haarnadeln. Luisa hatte die aufregendsten Haare, die sie zu einem Dutt binden musste, damit sie das Eis nicht bevölkerten. Den Dutt festigte sie mit langen, feingeschnittenen Holznadeln, feierlich verschnörkelte Holznadeln, deren Zierenden über Luisas Kopf herausragten und ihr den Hauch einer Geisha verliehen. Wenn sie nicht bei der Arbeit war, trug sie ihre vollen, welligen rotbraunen Haare stets offen, auf eine Art und Weise, als würde sie nur dieser Haare wegen durch die Welt spazieren, so, wie andere Frauen ihre Hüften nur deshalb betont hin und her bewegten, um die Pupillen der Menschen zu pendelförmigen Bewegungen zu verführen. Wenn Luisa die Haare hochsteckte, wussten die beiden Mädchen sofort, dass sie nun entweder oben in der Wohnung mit Puppen spielen sollten oder unten mit Kunden und Eis. Meist entschieden sie sich natürlich für das Eis. Mija und Sara standen hinter der Theke wie eine Dauerwerbesendung. Sie holten sich morgens, im täglichen Wechsel, gegenseitig zur Schule ab und begleiteten sich nach Schulschluss jeweils nach Hause. Die letzten und ersten achthundert Meter ging eine der beiden folglich allein. Doch spätestens zwei Stunden später stand eine wieder vor der Tür der anderen, und sie verspielten den Tag. Sie übernachteten oft beieinander. In der Dunkelheit malten sie sich vor dem Einschlafen Fingerzeichnungen auf ihre Frotteeschlafanzüge, weil ihnen dabei Ameisen über den Rücken liefen. Sie aßen oft bei Zora und kamen zum Nachtisch zu Giovanni, zwei in diesen achthundert Metern Wedding flechtzopfartig verbundene Kinderleben. Gemeinsam interessierten sie sich nicht für Jungs, hassten dieselben Lehrer. Sie deckten sich und schützten sich und stritten sich und fanden sich.

Der Traum bleibt jedoch nicht bei den hellen Farben, den hellen Tagen, er lässt den Tag zu, an dem Mija zu Hause auf ihre Freundin wartet, damit sie endlich zur Schule losgingen. Es ist Februar, der Morgen noch dunkel. Mija steht mit Schulranzen und Vespertasche im Flur ihrer Wohnung

und balanciert von einem Fuß auf den anderen, doch Sara kommt und kommt nicht. Mia wälzt sich im Traum. Doch Sara kommt nicht. Eine Stimme im Traum sagt, auf den achthundert Metern von Giovannis Eisdiele zu Zoras Restaurant sei Sara verschluckt worden. Die Polizei steht schon da, was auch nichts ändert. Saras Verschwinden wird protokolliert. Mia schwitzt im Traum, erinnert sich an die achthundert Meter Asphalt, die von einer Wohnung zur anderen führen, dann fällt sie noch einmal in den Riss in der Erdspalte, in den sie schon damals fiel, als Sara verschwunden ist. Jeder, der das Mädchen gekannt hatte, fiel in eine Spalte, und als man zurückkehrte, haftete einem etwas an, das man nicht mehr loswurde.
Mias Traum schleicht sich davon, und sie atmet wieder ruhiger. Sara hat sie nicht vergessen, doch nie wieder an sie gedacht. Dieser Morgen im Februar war ein Morgen, der ihr Leben verrückte. Das war nicht immer offensichtlich, es offenbarte sich nur in Kleinigkeiten, wenn sich zum Beispiel andere über sie lustig machten, weil ihr Vater sie überall hinfuhr und dann im Auto auf sie wartete, bis sie wiederkam. Wenn es länger dauerte, nahm er sogar Lea mit, die kleine Schwester. Die beiden spielten Karten im Auto oder Stein-Schere-Papier, hörten Radio, oder Lea hüpfte auf dem Beifahrersitz auf und ab, manchmal sogar auf ihrem Vater. Sie wurde zum Gespött ihrer Freundinnen, meistens war es ihr egal, doch manchmal schämte sie sich. Wenn sie dann mit diesem beschämten Gesicht zu ihrem Vater ins Auto stieg, sagte er manchmal ihren Kosenamen aus jener Zeit zu ihr, sagte: »Komm, Mija La Rosa, die gehen vorbei.« So lang gedehnt und weich sagte er das, wie er selten sprach. Es waren seltene Momente, in denen Worte aus

dieser Zeit fielen, daran erinnerten, wie es war, als Sara und ihre Eltern noch da waren, als ihnen die Nacht noch keine Angst machte und das Leben auf den achthundert Metern zwischen Bernauer und Voltastraße gut aufgehoben war. Jener Nachmittag, als sie die Polaroid aus der Kommode ihrer Mutter stahl, war der erste, an dem sie wieder allein auf die Straße gegangen war. Ohne dass einer Kontrollfahrten um sie herum machte, vom Parkplatz aus ein Auge auf sie warf oder die Zeit genau im Auge behielt, in der sie wieder zu Hause zu sein hätte.

Der Schlüssel rastet ins Schloss, und Zora schleicht in ihre Wohnung. Sie öffnet die Tür zum Gästezimmer, kommt mit leisen Schritten ans Bett, zieht Mia die Decke über den Hals und legt eine weitere, die sie im Schrank liegen hat, über ihr Mädchen.

»Sara. Sara?«, fragt Mia im Halbschlaf.

»Nein, nicht Sara. Nicht Sara. Schlaf jetzt, Kind, schlaf jetzt«, flüstert sie leise und streicht ihr übers Haar bis ihr Atem sich wieder beruhigt. Sie schließt die Tür hinter sich und verschwindet im Bad. In Zoras von Sparsamkeit geprägter Lebensführung ist Duschen seit jeher die einzige Verschwendung. Eigens dafür hat sie eine luxuriöse Brause mit sieben verschiedenen Dusch- und Druckvariationen angebracht. Aus dieser kann das Wasser in einem gebündelten, sanften Strahl fließen, für Kneipp-Touren über ihre müden Beine, zum Beispiel, aber auch wie kleine Platzregen, acht kleine Duschplatzregen. In der ansonsten pragmatisch bis porzellankitschig eingerichteten Wohnung mutet diese hochmoderne Wasserstrahlvariation beinahe exotisch an. Zora rechtfertigt das Ganze mit ihrem Rücken, behauptet sogar, wenn sie wollte, würde ihr die Krankenkasse die Kosten für den Massagebrausekopf erstatten, sie sei aber zu anständig, eine Quittung einzureichen und andere für ihren Rücken aufkommen zu lassen. Unter der Dusche steht sie Nacht für Nacht wie unter einer Regenwolke, unter der sie irgendwann alles vergisst: wo sie ist, wie sie den Tag verbracht hat und mit wem. Nur heute vergisst sie nichts. Ihr Mädchen liegt in dem Gästezimmer, das sie sonst für ihren Sohn bereithält. Zora denkt an die Zeit, in der Mia als junges Mädchen bei ihr übernachtet hat. Diese Zeit.

Zora summt beim Duschen. Lange. Sie erinnert sich daran, wie Mia, als sie klein war, fragte, weshalb sie summt und nicht singt. Sie hat Mia dann erklärt, nur hohle Frauen könnten summen, weil es dafür Hohlkörper brauche, in denen das Summen erklingen könne. Alle anderen könnten eben nur singen. Mia hatte sie daraufhin angesehen, als müsste sie mit ihren Blicken hineinfallen können in diesen Hohlkörper. Wenn da drin das Nichts ist, dann müsste das doch zu sehen sein, staunte ihr Kinderblick. Zora summt unter der Dusche. Noch heute.

DIE ALTEN SOMMER

Berlin, 17. Januar 2013, Dalmatien. Jahr um Jahr.

Nachts um zwei sitzen die beiden im Wohnzimmer auf Zoras Sofa. Mias Kopf liegt in Zoras Schoß. Was Mia nicht alles in den Sinn gekommen ist, seit sie daliegt, so, wie sie schon als Mädchen dalag, wenn sie Zora ausgeholfen und danach bei ihr übernachtet hat. Aus beiden sprudeln Sätze, Bilder und Erinnerungen. Plötzlich kehrt alles wieder. Die Nächte in dieser Wohnung. Die Sommer in Dalmatien. Seit Stunden schon erzählt Mia Zora ihre Geschichten, als wären sie neu für Zora. Zora hört geduldig zu, sie hat nichts gegen oft gehörte Geschichten. Sie spürt Mias Drang, sich mit diesen Geschichten anzufüllen; während sie redet, ist ihr, als sähe sie ihrem Mädchen dabei zu, wie auch aus ihr eine hohle Frau wird, eine, die sich Geschichten erfinden muss, um zu leben. Zora liebt hohle Frauen. Sie ist selbst eine. Sie spürt schnell, dass Mia nicht nur viel jünger aussieht, als sie tatsächlich ist. Durch ihre Haut schimmert all die Sehnsucht nach gestern, die sich in ihr aufgestaut hat, und lässt ihre Augen leuchten wie die kleiner Kinder.

Mia beginnt bei den alten Sommern. Es ist, als wären all diese Sommer ein einziger großer Sommer, Jahr um Jahr die gleichen Menschen, Feiertage, Aufbrüche. Ihre Familie fuhr, aller Stauwarnungen zum Trotz, schon am ersten Ferientag gen Süden. Manchmal nahmen sie die Kinder einen Tag vorher aus dem Unterricht, um die schlimmsten Autokolonnen zu vermeiden. Zora lacht, wenn sie daran zurückdenkt, wie Mia als Mädchen schon Nächte zuvor kaum schlafen konnte, tagsüber alle in Aufregung versetzte wegen der anstehenden Reise; vor dem Schlafengehen sah sie eifrig Nachrichten, achtete dabei besonders auf die Sonnen im südlicheren Teil der Wetterkarte, wo sie Jugoslawien zu erkennen meinte. Mia erzählt, wie sie sich später im Bett wälzte, wie ihr Herz raste, und ihr Erinnerungen aus den letzten Sommern kamen, älteren Sommern. Diese Erinnerungen an vergangene Sommer flüsterten ihrerseits Hoffnungen ein für den kommenden. Da war ihre beste Freundin, würde sie sein wie immer, würde sie eine andere beste Freundin gefunden haben? Ihre noch immer heimliche erste Liebe, was war damit? Ihre beste Freundin wusste nichts von ihm, vielleicht wusste nicht einmal er selbst von seinem Glück, dachte sie aufgeregt, und lächelte bei dem Gedanken ans erste Wiedersehen, den ersten Moment, wenn er vor ihr stehen würde. Sie liebte diese Überraschungsmomente. Es gab keine Telefone, sie stand einfach eines Tages vor ihren Freunden und war wieder da …

»All diese Erwartung klopfte nachts mit dem Herzschlag gegen meinen Schlaf an«, gesteht Mia ihrer Zora. »Ich konnte nie einschlafen, wenn es in den Süden ging.«

Und Zora lächelt, weil sie genau weiß, wie sie waren, diese Nächte mit dem Herzschlag in den Ohren. Mia hat in Zora eine Zuhörerin gefunden, die das Gestern liebt.

»Jedes Jahr war es dasselbe, jedes Jahr wurden wir zu

Hause von unseren Verwandten und Freunden aufgenommen. Weder förmlich noch mit großem Aufwand wie angekündigte Gäste, nein, niemand unterbrach seinen gewohnten Tagesablauf für Begrüßungszeremonien, stattdessen fügte man uns, die wir elf Monate im Jahr nicht da waren, wieder nahtlos in dieses Dorfleben ein. Erst abends, wenn die Arbeit getan war, wurde der Tisch gedeckt, luftgetrockneter Schinken und Ziegenkäse in dünnen Scheiben ausgepackt, Brot aus dem eigenen Steinbackhaus angeschnitten; dazu gab es Wein aus eigenem Anbau und hausdestillierten Feigenschnaps. Wir Kinder bekamen dicke Butterbrote mit einer feinen Schicht Zucker in die Hand gedrückt, die wir verschlangen und dem Knirschen des Zuckers zwischen den Zähnen zuhörten. Es wurde geredet, Gespräche voller Worte, die nichts zu sagen schienen, lediglich die anderen lachen oder schimpfen ließen. Ich konnte damals noch nicht mitreden, verstand nicht, warum auf jedes Wort so heftig und laut reagiert wurde. Es wurde nicht so diskutiert, wie ich es in der Schule erlebt hatte, nein, wann immer ich in diesen Küchen saß, saß ich inmitten von Urgewalten, Menschen mit Steinschleudern in den Mündern. Alles, was gesagt wurde, sollte einschlagen, die anderen treffen, sie zum Lachen bringen oder aufregen. Sie wirkten so groß und dick und gewaltig. Ihr Reden war ein einziges Tosen. Ich kannte die Spielregeln damals nicht, ging in Deckung, sie zu entschlüsseln. Wie schnell meine Eltern in diesem Wortgefecht ihre Kinder vergaßen. Ich ging unterdessen weiter in Deckung. Schon nach wenigen Tagen im Dorf wollten meine Eltern nicht mehr wissen, wo wir Kinder hingingen und mit wem, was wir dort tun und wann wir wieder nach Hause kommen würden. Ich war zu gefesselt von meinen Eltern, um mich dadurch befreit zu fühlen.

Erst als Taida im Dorf auftauchte, konnte ich das Abgelenktsein meiner Eltern genießen. Taida, die vor einigen Jahren eingeheiratete junge Frau meines Lieblingscousins Joško. Obschon das Paar in einen anderen Ort gezogen war, kam es oft ins Dorf zu Besuch, vor allem im Sommer, wenn die Verwandten aus Deutschland da waren. Ich durfte jedes Mal in den Ferien eine ganze Woche allein bei den beiden in Sinj, ihrer neuen Stadt, verbringen. Sie waren ein glamouröses Dorfpaar, lebten alles, was sie fühlten, nach außen hin aus und bewahrten sich doch ein Geheimnis. Es gab niemanden, der nicht gewusst hätte, wie groß ihre Liebe war. Wenn sie mit ihrem alten silbernen BMW im Dorf einfuhren, tuschelten alle aufgeregt, vor allem jedoch wir Kinder und Jugendliche. Die Dorfbewohnerinnen waren meist mit Taidas Schuhen beschäftigt. Die junge Frau fuhr regelmäßig nach Triest, um sich dort nach der neusten italienischen Mode einzukleiden. Zudem waren ihre Schuhe aschenputtelklein, im Gegensatz zu den stattlicheren Modellen vieler Dorffrauen. Taidas kleine Füße und Schuhe avancierten nach jedem Besuch zu *dem* Gesprächsthema. Bald schon machte es den Anschein, irgendwo stünde geschrieben, kleine Füße seien eine Eintrittskarte in das Reich der besseren Leben.

Als die beiden schließlich groß heirateten, war dies meine erste Hochzeit gewesen. Taida und Joško legten den Termin mitten in die Sommerferien, damit auch die ›deutschen Verwandten‹ dabei sein konnten. Die Anwesenheit der ganzen Familie war ihnen wichtig, so, wie es ihnen auch wichtig war, als Brautpaar im Auto von meinem

Vater zu sitzen; wir hatten das größte Auto in der Familie, auf dessen Haube konnte man folglich das pompöseste Blumenarrangement platzieren, ohne dass es aufdringlich gewirkt hätte. Mein Vater fuhr das Brautpaar zum Standesamt, in die Kirche und zum Festsaal, er führte die beinahe endlose, laut hupende Autokolonne in Richtung Meer an. Ich war damals gerade mal zehn, und weil in meiner Familie Erklärungen keine Rolle spielten, machte ich mir auf alles meinen eigenen Reim: Ich durfte nicht mit meinem Vater im Auto fahren, weil das Bouquet auf dem Auto weiß war und keine andere als Taida weiß trug. Das war also geklärt. Still setzte ich mich bei meiner freundlichen, ebenso kinderlosen wie unterbelichteten Patentante Mirna und ihrem Mann Mile auf den Rücksitz ihres Wagens. Mirna plapperte die ganze Fahrt über, lachte, verschluckte sich an ihrem Lachen, verlangte zum Glück jedoch keine Reaktionen darauf, außer hin und wieder ein aufgesetztes Grinsen. Da Mirna nicht viel Sinn für Feinschliff besaß, fiel ihr das Aufgesetzte an einem Grinsen erst gar nicht auf. Gegen Mirna musste man ein Arsenal an Scham-Schutz-Strategien entwickeln, das hatte ich damals schon verstanden. Während Luka Jale, einen dürren, klapprigen Mann mit nur drei Fingern an der rechten Hand, zum Patenonkel hatte, der sich zwar auch nicht als stolzer Vorzeigepatenonkel eignete, aber zumindest dadurch hervorstach, dass er sich rar zu machen wusste, bevor es peinlich wurde, weshalb er meinen Bruder nicht mit seiner Anwesenheit konfrontierte oder sich gar fürsorglich neben ihn stellte. Nein, dieser Jale war nur noch auf einigen Taufbildern im Familienalbum zu entdecken, manchmal streunte er durch das Dorf und bestätigte den Eindruck, unsere Eltern hätten ihn auf dem Weg zur Taufe zufällig getroffen und gefragt, ob er das Kind in der Kirche halten würde, weil sonst kein anderer zur Stelle war. Es galt damals, als Luka geboren wurde, noch als unehrenhaft, sich innerhalb der Familie nach Paten umzusehen, weshalb es für Luka eben Jale mit den drei Fingern geworden war, ein Mann der immer am äußeren Rand eines Bildes stand, außer eben auf Lukas Taufbildern.

Ich wusste an jenem Hochzeitstag nicht einmal, ob er überhaupt dabei war. Als ich zur Welt kam, war alles anders: Man durfte, ohne dafür Spott zu ernten, Schwestern wählen und Brüder, Cousins und Onkels, jeden eigentlich, weshalb ich mich von Mirna nicht reinwaschen konnte, wie Luka zu sagen pflegte, immer und überall war sie dabei, da sie nun einmal meine Patentante und die Schwester meiner Mutter war. In Mirnas Armen bin ich ein Mitglied von Gottes ewiger Gemeinde geworden, was mir nicht weiter peinlich sein müsste; Mirna war eine gut aussehende Frau mit modischen Kleidern, oft in Signalrot, besaß ein repräsentables Haus und den gepflegtesten Hof im Dorf, und das alles, obwohl sie und ihr Mann nie in Deutschland gearbeitet hatten. Dies brachte ihnen jedoch statt Bewunderung nur Neider ein, denn guter Geschmack ist immer auch eine Beleidigung für jene, die keinen haben. All das wäre mir ja nicht weiter peinlich gewesen, hätte Mirna zu alledem nicht auch die lästige Angewohnheit gehabt, sich selbst lustig zu finden und diese zuweilen unvorteilhafte Eigenschaft mit einem hellen Sirenenlachen zu paaren, das an seinen höchsten Punkten von einem Grunzen gestreckt wurde. Das konnte sich endlos wiederholen: Die Sirene erklang, und sowie sie ihre Höhen erreicht hatte,

wurde sie von einem Grunzen wieder in die Tiefe gerissen, bis Mirna sich irgendwann an ihrem Lachen verschluckte. Manchmal jedoch, wenn sie, so wie an jenem Hochzeitstag, gerührt war, redete sie vor lauter Rührung Sätze, die sie zum Weinen brachten, die immer gleichen Sätze zu jeder rührenden Gelegenheit. Ihr Mann reichte ihr ab einer gewissen Stelle routiniert ein Stofftaschentuch aus seiner Hosentasche, während sie sich weiter in ihren Sätzen wand. Ich konnte mich gut hinter diesem Wasserfall verstecken. Was mich damals auf diesem Rücksitz umtrieb und mir keine Ruhe ließ, war die Frage, ob mein Vater nach dem heutigen Tag abgenutzt sein würde, ob er später, sollte ich eines Tages so ein weißes Kleid tragen wollen, noch mal fahren dürfte oder ob ich mir dann einen anderen wählen müsste als meinen Vater – schließlich hatte Taida das auch getan. Es kam mir nicht in den Sinn, dass Taida im weißen Zastava *ihres* Vaters nur wenig Glamour versprüht hätte, geschweige denn die Schleppe ihres Hochzeitskleides unbeschadet ins Standesamt gelangt wäre.
Die Autokolonne fuhr aus dem Dorf, setzte sich vor dem Haus von Taidas Eltern in Bewegung in Richtung Serpentinenstraße und Split. Ich kannte das von den Ausflügen ans Meer. Nach einer Weile bog mein Vater hinter einer scharfen Linkskurve auf einen kleinen Hügel ab, die Hochzeitsgesellschaft folgte ihm, alle parkten, stiegen aus ihren Wagen; ich sah, noch aus dem Auto meiner Tante, wie Taida und Joško vor einem einsamen Steinhaus auf diesem Hügel standen und um sich blickten. Wenig später erfuhr ich, dass in diesem Steinhaus die Geburtsurkunden meiner Eltern lagen und mein Cousin in der Schule um die Ecke Schüler gewesen war.

›Joško, wie bist du denn da hingekommen?‹
›Zu Fuß Mijo, was denkst du denn?‹
›Den ganzen Weg?‹
›War eben so, sonst fing der Tag mit dem Holzstock an.‹
Holzstock. Nachdem er erwähnt worden war, überschlugen sich alle Umstehenden, eingeschlossen mein Vater, mit Erinnerungen an den Holzstock. Aus allen Richtungen flogen mir Geschichten um die Ohren, das Gelächter dazu, als hätte ich soeben einen Wettbewerb ausgerufen. Es schien eine Ehre gewesen zu sein, den Holzstock persönlich gekannt zu haben. Es gab jene in der Runde, die hatten einfach die Launen der Lehrer ertragen, sie waren es, bei denen am schnellsten eine jammernde Note herauszuhören war; es gab aber auch jene, die sich einiges hatten einfallen lassen, um mit dem Holzstock vertraut gemacht zu werden. Ich verstand: Wer dem Holzstock entgangen war, hatte in seiner Kindheit nichts Nennenswertes angestellt, hatte also aus seiner Kindheit nichts gemacht. Der Schlitzohrwettbewerb hielt weiter an, je ungehobelter das einstige Benehmen, desto strahlender zeigte sich das gealterte Schlitzohr. Ich sah ins Gesicht meines Vaters, als er von seinen Holzstockstunden erzählte, von dem Lehrer, der ihn am erbarmungslosesten schwang, wie sich alles angekündigt hatte oder eben nicht …
Ich fand, er sah plötzlich nicht viel älter aus als ich. Ich hätte große Lust gehabt, auch eine solche Geschichte zu erzählen, schließlich lachten alle laut und von Herzen darüber, doch ich dachte an Frau Maurer, meine Klassenlehrerin, die nur blaue Briefe verschicken ließ und ernste pädagogische Gespräche führte, und ich wünschte mir sehnlichst, Streiche zu kennen, solche wie die Alten hier,

sie erzählen zu können, so, dass die anderen lachten, verspielte, dumme Streiche, die keinem wehtaten und niemandem etwas einbrachten, außer mir den Holzstock ... Gerade als ich meinen Vater dabei beobachtete, wie das Lachen aus seinem Körper verebbte, seine Augen wieder alt und müde wurden, viel älter und müder als er tatsächlich war, hörte ich ihn sagen, dass das doch auch nichts war, damals, als sie Kinder schlugen wie Vieh, und allen verkam das Lachen mit diesem Satz zu einem Kopfschütteln mit leeren Augen. Da nahm Joško mich an der Hand und mit zu Taida. ›Lass die Alten, Mijo, das geht jetzt bis morgen so, im Guten wie im Schlechten ...!‹
Taida stand vor der grün angestrichenen Holztür des Standesamtes. Der Schlüssel zur Tür war etwa so lang wie ein Pferdehuf breit, der Standesbeamte schloss gerade die Tür auf. Die Blumenkinder trugen Taidas weiße Schleppe in den kleinen Händen, konzentriert darauf, den Stoff zu halten, denn stolperten sie über die eigenen Füße, fände sich die Schleppe auf dem Schotterboden wieder, schlimmer noch, auf der roten Erde. Taidas hellblonde Locken fielen ihr über den Rücken. Als junges Mädchen war sie auf einer österreichischen Schule gewesen, weil ihr Vater dort ein paar Jahre gearbeitet hatte. Man erzählte sich, da habe sie die blonden Locken her, denn derart blond war im Dorf sonst keine. Kleine Perlen hingen in ihrem Haar, ich stellte mich hinter sie, drehte eine ihrer Locken um meinen Zeigefinger und fragte: ›Bist du nicht traurig, dass du wegmusst von deiner Mama?‹ Taida lachte lange, sie lachte immer lange. ›Wenn du mal so weit bist, Mijo, werde ich dich fragen, ob du traurig bist, deine Mama zu verlassen.‹ Wirklich beantwortet war die Frage damit nicht. Ich

tastete mit Blicken das Gesicht von Taidas Mutter ab, entdeckte aber kein Zeichen einer Kränkung. Ich war überzeugt, meine Mutter wäre bei einer solchen Antwort tief gekränkt. Die Gefühle von Taidas Mutter hingegen, einer erhabenen Frau, die älter wirkte als sie tatsächlich war, blieben eingemauert hinter ihren herben Gesichtszügen, waren nur wenig abzulesen an dem ungewöhnlich milden und freien Blick dieser Frau.

In jenem Sommer, nach jenem großen Tag, spielten wir Kinder im Dorf die ganzen Sommerferien über Hochzeit. Jeden Sommer gab es ein Hauptspiel, mal war es Räuber und Gendarm, mal waren es Seifenkistenrennen, mal Steinhäuser bauen oder Seilhüpfen, das große Sommerspiel entschied sich immer in den ersten Tagen nach unserer Ankunft im Dorf, weil die anderen sich allein aus Neugier um meine Brüder und mich scharten. In jenem Sommer war es das Hochzeitspiel. Ich übernahm die Rolle des Pfarrers, schließlich kannte ich das Brautpaar am besten, und alle waren sicher, ich könnte würdige Reden auf die beiden halten. Aus meiner Sicht, die ich, wie vieles, damals schon für mich behielt, waren die anderen Rollen nicht angemessen zu besetzen: Keine war so schön wie Taida und keiner so spitzbübisch selbstverliebt wie ihr Joško. Und keine im Dorf hatte auch nur annähernd Schuhe aus Triest. Doch ich hielt dermaßen gerne die Hochzeitsrede in dem kleinen Stück, dass ich Abstriche in der Besetzung kommentarlos in Kauf nahm. Taida war die erste Frau, von der ich etwas über das Frausein wissen wollte, die mich überhaupt dazu brachte, Frauen als etwas anderes anzusehen als Männer. Vielleicht lag es an Taida, vielleicht war es auch einfach die Zeit.«

»Du hast sehr an den beiden gehangen, nicht?«
Mia nickt.
»Hörst du noch von ihnen?«
Mia schüttelt den Kopf. Zora schweigt dazu.
»Taida und Joško, hieß es, waren wie Feuer und Wasser. Er dunkel und ein Narr, sie blond und eine Ordnungsliebende. Nur die grünen Augen, die hatten sie gemeinsam. Er warf ihr oft vor, sie hätte sich zu sehr von den Österreichern beeinflussen lassen, sie rümpfte darauf nur die Nase, entgegnete, er hätte sich besser mal von irgendetwas beeinflussen lassen, das nenne sich nämlich Erziehung. Sie konnten lachen und feiern und Menschen an sich binden wie wenige andere. Doch in den ersten drei Jahren war ihr Zusammenleben halb Lüge, halb Wahrheit. Sie brauchten Jahre, um aus ihren Widersprüchen ein gemeinsames Leben zu machen. Als ich in ihren ersten Ehejahren eine Woche bei den beiden wohnte, erhielt ich einen Einblick. Ich lag zwar meist schon im Bett, wenn sie sich die Masken von den Gesichtern rissen, doch hörte ich alles durch die dünnen Sperrholzwände des angebauten Gästezimmers; ich wusste von den Momenten, in denen sie sich fast auslöschten, weil aus ihnen beiden nicht die eine einzige Wahrheit zu pressen war. In solchen Nächten lag ich zusammengerollt in meinem Bett, die Decke über dem Kopf, und wartete auf den nächsten Tag. Von den beiden lernte ich, die Kämpfe in die Nächte zu tragen und die Tage in Schutz davor zu nehmen, wenn man Freunde haben oder es zu etwas bringen will. Frauen waren anders als Männer. Ganz anders. Frauen brauchten eine Taktik, wo Männer sich selbst genug waren. Das hatte ich schon bei dir beobachtet, Zora, dein Mann war eigenwillig, wie du immer

sagtest, das bedeutete jedoch vor allem, du hattest seinen Willen zu ertragen. Bis du dich zu widersetzen gelernt hast. Das war dann nicht eigenwillig, sondern ungehorsam. In diesen ersten Ehejahren der beiden, so glaubte ich zu spüren, vermisste Taida trotz allem das Haus ihrer Mutter, das Lachen von jenem Hochzeitsnachmittag, an dem ich danach gefragt hatte, hallte noch nach. Auch Taida musste dieses Lachen noch im Ohr haben. Doch dann, im dritten Ehejahr, lichteten sich die Nächte. Mit einem Mal waren sie nicht nur glamourös, sondern tatsächlich glücklich, auch nachts. Ich konnte sie besuchen kommen und endlich unbesorgt einschlafen. Sollte ich mich doch einmal einrollen, die Decke über den Kopf ziehen, dann, weil ich manches nicht hören wollte, weil es nur den beiden gehörte.
Ich erbte Jahr um Jahr Taidas abgetragene Handtaschen und Sommerkleider, manchmal wurde ich sogar von ihr geschminkt, bis ich vor Verlegenheit kaum mehr das Lächeln aus dem Gesicht bekam. Taida amüsierte sich, wenn ich kurz darauf die eben aufgetragene Maske im Bad wieder abschrubbte.«
»Das Schminken hast du dir ja leider abgewöhnt!«, wirft Zora ein.
»Als hättest du dich je geschminkt, Zora, ich habe dich nie mit Farbe im Gesicht gesehen, nicht einmal Lippenstift. Lass mich zu Ende erzählen …
Wenn ich die beiden in den darauffolgenden Jahren in Sinj besuchte, saßen sie bis tief in die Nacht hinein mit Freunden vor den kleinen Cafés, auf dem weißen Marmorboden der ausgeleuchteten Straßen, die nachts die Hitze des Tages ausatmeten. Miro, ein etwas dicker geratener Freund von Joško und mein selbst ernannter Cousin, nutzte meine

Schüchternheit um sich frei auszuleben und trug, wo er konnte, sein Halbwissen an mich heran. Das klang dann in etwa so:
›Hier sitzen wir also, Kleine … Siehst du die Berge da drüben?‹
Er zeigte mit seinen Wurstfingern in die Ferne.
›*Dinara!*‹
Ich folgte seinen dicken Fingern in die andere Richtung.
›*Svilaja!*‹
Ich nickte andächtig, als hätte er mir ein Königspaar vorgestellt.
›Lass doch meine Kleine in Ruhe damit!‹, bat ihn Taida. Doch sobald er sie in ein anderes Gespräch verwickelt sah, flüsterte er weiter:
›Delmaten kennst du, oder?‹
›Dalmatiner kenn ich.‹
›Ja … Ist so ähnlich … Nur älter … Von denen haben wir das mit Dalmatien.‹
Er lachte selbstvergessen, als hätte er sich gerade einen Witz erzählt und bräuchte kein weiteres Publikum.
›Ziemlich kriegerische Typen … Richtige Haudegen. Die Cetina, die hast du doch gesehen, oder?‹
Ich nickte und sah ihn verwundert an. Der dicke Miro schien trotz aller kleinen Floskeln, die mir galten, vor allem mit sich selbst zu reden; dabei schwitzte er, selbst nachts, wenn es abgekühlt hatte, als würden ihn seine eigenen Reden in Aufregung versetzen. Genau genommen machte er bei allem, was er von sich gab, den Eindruck, er säße mitten in einer Prüfung und wüsste bereits, wie sie enden würde, nämlich schlecht. Niemand verstand den Stress, den der dicke Miro sich mit seinem Halbwissen

machte. Manche behaupteten, er wollte so verbergen, es gerade mal auf vier Jahre Schule gebracht zu haben. Seine Gleichaltrigen hatten alle mindestens acht Jahre lang die Dorfschule besucht. Miro hätte es ihnen sicher gleichgetan, wäre er nicht in der vierten Klasse rausgeflogen, nachdem er den Dorfpfarrer im Unterricht beschimpft und bloßgestellt hatte. Übel beschimpft, sagte man, manche erzählten sogar, er hätte sich ihm am Ende auf den Schoß gesetzt und sei mit seinem dicken Hintern auf ihm herumgehüpft, um den Alten vor der Klasse zu blamieren. Miro soll gestrahlt haben, als die Klasse sich vor Lachen kugelte – doch dann durfte er eben nie wieder zur Schule. Ich beobachtete ihn genau und fragte mich, ob er wusste, was man über ihn erzählte. Ich war außerdem nicht sicher, ob ich etwas auf sein Gerede geben sollte oder nicht. Hier, zwischen Dinara und Svilaja, wie er sagte, gab es eigentlich nichts, für das es sich aus meiner Sicht zu kämpfen gelohnt hätte. Wieso sollte jemand für das hier sterben wollen?«

»Mijo, so etwas kannst du so nicht sagen!«, fällt Zora ihr ins Wort. »Du weißt nicht, was uns diese Gegend bedeutet hat.«

»Nein, weiß ich nicht, Zora, bis heute nicht. Wirklich nicht!«

»Das war ein begehrtes Stück Land!«, beharrt Zora.

»Ich weiß«, bestätigt Mia. Und redet weiter. Sie erinnert sich genau, was der dicke Miro ihr gesagt hatte.

»Dass die Römer auch noch kamen, erzählte er mir, sechs Jahrhunderte lang. Dann die Awaren. Wo die letztlich herkamen, wusste er nicht, aber die sollten auf jeden Fall hier gewesen sein und am Ende die Slawen. Dabei nickte er, als würde er seinen Ausführungen zustimmen.

›Awaren?‹, habe ich gefragt. ›*Jebi ga*, Miro, wer hat je was von Awaren gehört?‹
Er ereiferte sich, schimpfte, hielt mir einen langen Vortrag über Slawen, Tito, Adelsgeschlechter aus dem 9. Jahrhundert, von denen ich nie etwas gehört hatte. Verglich uns mit den Deutschen, die angeblich Kultur hätten, während die Kroaten nichts mehr über sich und ihre Geschichte wussten. Am Ende seines Vortrags kam er, da war er dann schon komplett verschwitzt, auf die Familie Nelipic, der er die Schuld am Elend dieser Region gab.
›Weißt du, Mijo, diese Familie hat keine Kinder gezeugt. Einfach so, die hatten alles, was man haben kann, aber machten keine Kinder. Und schon geht ein ganzes Reich unter …‹
Er machte eine Pause und entspannte sich, weil es gleich um die Zukunft gehen würde, und was die Zukunft anging, konnte ihm niemand widersprechen:
›Genau wie heute. Heute kriegen alle keine Kinder, und wenn dann erst die ganzen Heerscharen von Kinderreichen aus der ganzen Welt in unsere Gegend einfallen, dann war's das wieder mit dem Frieden. Mit uns. Krieg heißt das! Die sollen heute bloß nicht denken, wenn die europäische Verträge machen, hilft das was. Das hilft nichts, sag ich dir. Die kommen uns alle noch holen, weil wir zu dumm sind, um Kinder zu machen.‹
›Am Machen liegt's bestimmt nicht!‹, fiel ihm Ante ins Wort.
Er drückte seinem Freund ein Bier in die Hand und lenkte das Gespräch auf leichte Dinge.
Ich stellte mir vor, wie über Jahrhunderte auf diesen marmornen Straßen, auf denen ich saß, blutige Kämpfe statt-

gefunden hatten. Und jetzt zog ich gemütlich hier im Café am Strohhalm meiner orangegelben *PiPi*-Limonade. All dieses Reden von Dingen, die einmal waren, Erinnern an Dinge, die einmal waren. Jahr um Jahr das gleiche Leben, so schien es mir damals; die Monate, die wir nicht da waren, existierten für mich nicht, weil sich da unten nichts änderte. Jahr um Jahr die gleichen Feste, zu Ehren all dessen, was einmal war. Mariä Himmelfahrt war so ein Fest. Der große Tag mitten im August, der den Bauern zufolge darüber entscheidet, ob der restliche Sommer trocken bleibt oder dem Regen weicht. Der 15. August war Sommer um Sommer der Tag, an dem meine Eltern mich von Joško und Taida abholen kamen. Doch nicht nur meine Eltern kamen. Du weißt doch selbst, wie es war, Zora: Entlang der dalmatinischen Straßen setzte sich eine endlose Menschenschlange in Bewegung. Barfüßige Pilger nach Sinj. Aus den Küstenstädten kamen sie oder von den Dörfern, barfüßig über Schotter oder Asphalt. In der Woche vom 15. August traten unzählige wundgelaufene Füße auf den alten Marmorboden vor der Kirche, um mit ihren Wunden die Madonna von Sinj zu ehren, die Wunder vollbrachte. Kilometerweites Pilgern. Jeder Schritt begrub eine Sünde unter sich, einen schlechten Gedanken, eine unlautere Begierde. Hier und da machten die zurückgelassenen Sünden den Weg frei für Wünsche, die man hatte, Gebete, die man Tag um Tag für sich oder jene, die man liebte, sprach und nun erhört wissen wollte. Auf dem Weg nach Sinj, so heißt es doch, spitzte die Mutter Gottes ihre Ohren, vor allem für jene, die barfuß liefen. Obwohl sie das tat, schafften manche den Weg zu ihr nicht. Sie ernteten dafür jedoch nicht den Schutzmantel der Madonna, sondern den Spott der anderen Pilger. Selbst als sie schließlich von Familienangehörigen mit dem Auto abgeholt wurden, wurde Spott und Hohn über ihnen ausgeschüttet; den gerechten Lohn gibt es erst im Himmel, spotteten die anderen, wenn du es da überhaupt hinschaffen solltest, lachten sie. Auf dem Pfad, der auch über die Autobahn führte, verunglückten Jahr um Jahr Pilger. Die Hinterbliebenen mussten einen solchen Verlust als Geste des Schicksals deuten lernen, es war nun einmal niemand mächtiger als das Schicksal, was sollte das Geschrei nach geregelter Straßenführung? Dieses Geschrei führte immerhin dazu, die Straßen in der Nacht vor Mariä Himmelfahrt von der Polizei sperren zu lassen, sodass sie nur den Barfüßigen und Wandernden gehörte, weniger Menschen ihr Leben ließen und mehr Eltern in dieser Nacht ruhig schliefen. Wenn die Pilger Sinj erreichten, war dort alles auf sie vorbereitet: Vor kleinen Läden und Fleischereien waren Lämmer am Grill aufgespießt, auf Grünflächen und großen Plätzen lag tischweise gegrilltes Fleisch auf Alufolien aus, Spanferkel, Würste und Cevape. Auf der großen Festwiese drehte sich ein altes Kettenkarussell, daneben Boxautos voller Ausgelassener unter bunt flackernden Lichterketten, es gab Stände mit gehäkelten Tischdecken, Jogginganzügen, Sommerkleidern, Taucherbrillen, Madonnenbildern der Maria von Sinj und Rosenkränzen. Ohnehin zahllose Marienaccessoires: an Schlüsselanhängern, Halsketten, Armreifen und Manschettenknöpfen, Maria in allen Dingen. Im Kloster lagen weitere Souvenirs zum Verkauf aus: Franz von Assisi und die Vögel, Madonnenbilder in daumenkleinen Goldbüchlein, ein Zentimeter heiligen Seils, das ehemals an den Kirchenglocken befestigt war. Warteschlangen an den

Klosterkassen wie sonst vor einem Kino, Gläubige, die für Messen bezahlten, Ablass, in der Hoffnung auf den Seelenfrieden der Verstorbenen. Während der Messen, die den ganzen Tag abgehalten wurden, wurden die Namen derer verkündet, für die bezahlt worden war, verbreitet, wer nicht zu geizig war, für die Verstorbenen Rechnung zu tragen, ganz gleich ob sie den Einsatz verdient hatten.

Im verkommenen Innenhof der Franziskaner waren Beichtstühle aufgestellt. Mein Vater wagte es nicht, die Messe zu besuchen, die Hostie zu nehmen, ohne sich vorher seiner Sünden zu entledigen. Einmal sah ich ihn vor einem fettleibigen, glatzköpfigen Mönch in brauner Kutte knien – auf dem oberen Ende seines Kniegelenkes, weil das untere ihn seit einer Verletzung schmerzte, die Ellbogen abgestützt, die Hände zum Gebet gefaltet, wie ein kleiner Junge vor einem verfressenen, sündenhungrigen Gottesdiener kniete er da. Mama schob mich in die Warteschlange zu den Beichtstühlen, ging den Beichtvorgang noch mal mit mir durch. Ich betete alles flüsternd herunter, starrte dabei abwechselnd auf die Beine zweier älterer Frauen in dunklen Kleidern und fleischfarbenen Strumpfhosen. Die halb verfallenen Zehennägel der einen ragten aus den schwarzen Schuhspitzen. Schließlich schubste Mama mich sanft in Richtung eines freien Beichtstuhls. Ich kniete mich auf das dunkle Holz. Ein heller Lichtstrahl fiel auf die dünne, krumme Nase des Mönchs, der seinen Blick fest auf den Boden gerichtet hielt und alles genau so herunterleierte, wie ich es aus dem kroatischen Kommunionsunterricht gewohnt war. Einmal verhedderte ich mich ob der Vorhersehbarkeit seiner Worte, die meine Konzentration abschweifen ließ, worauf er mich streng ansah. Ob ich gesündigt hatte? Nein. Ob ich Vater und Mutter ehre. Ja, fast immer. Fast? Ja, fast. Ob ich gehorchte und täte, was meine Eltern sagten. Ja. Ob ich regelmäßig in die Kirche ginge. Gewiss. Ob ich meine Sünden vor Gott brächte. Ja. Ob ich unreine Gedanken hegte. Nein! Ob ich Umgang mit jungen Männern pflege? Nein! Ob ich je löge? Ja! Zur Buße sollte ich neun Ave Maria und drei Vaterunser auf den Knien beten. Dann vergab er meine Sünden, und ich dankte Gott für die Reihenfolge der Fragen.«

Zora schüttelt lachend den Kopf.

»Der Rest meiner sündenbereinigten Familie saß bereits draußen im Hof des Klosters und wartete auf mich. Als ich auf den Hof trat, kam mir ein so gut aussehender wie gut gelaunter junger Mönch entgegen, der hier gerade zum Franziskaner ausgebildet wurde und mit dem Gang der unbeirrbaren Enthusiasten über den Hof stolzierte, wobei seine hellbraunen Locken auf und ab wippten. Er verteilte Mineralwasser in Plastikflaschen. Tata ordnete allen wortlos an, sich je eine zu nehmen und witzelte mit dem jungen Mönch, während dieser in jede Kinderhand eine Flasche legte. Als er sich verabschiedet hatte, addierte Tata das soeben ersparte Geld. Ich lachte über ihn, und er zog mir liebevoll die Ohren lang, bis ich begriff, er wollte mit mir zum Gottesdienst, da wieder eine volle Stunde angebrochen war. In der Kirche angekommen, mussten wir stehen, weil die Holzbänke längst überfüllt waren. Vor der Eingangstür sammelten sich alle, die zu spät kamen. Mir wurde schlecht, befand sich meine Nase doch auf der Höhe vieler Achselhöhlen. ›Papa, mir stinkt's!‹, flüsterte ich ihm ins Ohr. Er sah mich streng an und bewegte seine große rechte Hand so, dass es unmissverständlich bedeutete, ich würde, sollte ich jetzt den Mund nicht halten, bei nächster Gelegenheit seine Hand im Gesicht kleben haben. ›Ich wollte doch nur sagen …!‹ – ›Mijo!‹, schimpfte er, eine Spur zu laut, sodass sich die letzten Reihen vorwurfsvoll nach ihm umdrehten. Ich blickte betont unschuldig in die Gesichter der verärgerten Kirchgänger. Als diese sich wieder nach vorne wandten, warf ich meinem Vater einen letzten ›Das-hast-du-nun-davon-Blick‹ zu. Nach dem Gottesdienst stellten wir uns zu den Gläubigen vor den Altar der Madonna von Sinj, Maria der Gnade. Links davon versammelten sich einige Menschen mit Rosenkränzen vor einer Marienskulptur, eingefallene Frauen, hagere Männer, von denen manche tausendjährige Gesichter hatten aus sonnengegerbter Haut; mit müden Schritten schleppten sie sich durch den Mauergang hinter der Skulptur, ganze drei Runden lang, manche gar mehr. In diesem Gemäuer bewegten die in sich zusammengefallenen Frauen Rosenkränze in den gichtknöchernen Händen. Während sie die Perlen ihrer Rosenkränze zählten, sah ich nur die von der Gicht geschwollenen Gelenke. Vater und ich beobachteten viele aus der Mauer und in sie treten, manche, schien es, wollten mit ihren Gebetsrunden gar nicht mehr aufhören. Wir warteten, wie alle anderen auch, bis wir an der Reihe waren. Als es so weit war, schob Tata mich vor sich in die Maueröffnung. Kaum waren wir in das Gemäuer getreten, pochte mein Herz. Mit kalten Fingerspitzen fuhr ich den grauen Stein um mich herum ab, als könnte mich das beruhigen, bis mein Vater es sah und meine Hand von der Wand nahm. Im Mauergang der Geruch von Feldern, auf denen diese Alten gearbeitet hatten, Jahrhunderte, so schien es, der Geruch von jahrhundertealter Erde, die sich in ihren Poren und unter den Fingernägeln festgesetzt hatte und dort Wurzeln schlug. In den schwarzen Kleidern hing feingesiebter Weizen. Mit einem Schlag überfiel mich eine Übelkeit, die sich längst angekündigt hatte, ohne jedoch bemerkt zu werden, ich sackte in den Knien ein, fiel meinem Vater in die Arme, der mich mit beiden Händen fest unter den Achseln packte und die Betenden um sich herum hektisch zur Seite bat, sie mögen sich doch beeilen, seine Tochter sei in Ohnmacht gefallen; es hagelte von allen Seiten Flüche und Vorwürfe, was er denn seine Tochter in den Kreuzgang schleppen müsse, das arme Kind hätte doch nichts verbrochen, was solle es in einem Kreuzgang wie diesem, einem Schutzraum für die Todgeweihten; eine Alte, die er besonders rau anpackte, schlug ihm mit ihrer Handtasche gegen die Schläfe, er drängte sie weiter grob aus dem Weg, um mich endlich an die Luft bringen zu können, in den Hof, wo Mutter mit dem Rest auf uns wartete. Er legte mich auf eine Bank. Luka goss mir genüsslich sein restliches Wasser übers Gesicht, Lea gab mir ein paar Ohrfeigen, und kaum dass ich blinzelte, holte Mama sofort zu einer Standpauke gegen uns aus. Als ich mich nicht wehrte, hielt sie verstört inne. Sie gab mir eine Ohrfeige: ›*Mijo! Mijo, reci! Cuješ li me?*‹ Ich hielt ganz still. Mutter fing an zu weinen und schlug Vater mit beiden Fäusten gegen die Brust: ›Sie hat ihre Seele in der Mauer gelassen, sie ist doch noch ein Kind, du hättest sie nie …!‹ Unterdessen zog Luka meine Augenlider nach oben und unten, inspizierte meinen Augapfel und die Färbung der Adern: ›Sieht alles gut aus, Mama, sieht alles gut aus!‹ Lea schrie mir abwechselnd ins linke und ins rechte Ohr. Als Marko, mein kleiner Bruder, mit einer neuen Flasche Wasser kam und noch nichts von dem Unglück ahnte, riss ihm Luka sofort das Getränk aus der Hand und setzte es an meinen Mund. ›Sie trinkt!‹, rief er stolz. ›Sie trinkt!‹ Als sich alle zu ihm drehten, prustete ich ihm das Wasser mitten ins Gesicht. *›Đavle! Đava od diteta!‹* Ein Teufel von einem Kind, schrie Mutter mir nach, als ich, längst auf der Flucht vor Luka, über den Hof rannte. *›Pa Marko!‹*, sagte sie zu Tata, *›možeš li tu djecu dotjerati u red, ta nismo na Pazaru?‹* Wieso denn immer er, fluchte Vater, beherrschte sich, als der junge Franziskaner, der eben noch das Wasser verteilt hatte, erneut an uns vorbei und ins Kloster ging. Kaum war er verschwunden, rief Papa durch den Hof: ›Mijo! Luka! Genuck! Soforrrt!‹ Die Großmutter, die ihm schon im Mauergang eine übergebraten hatte, schlug ihm nun mit reichlich Schwung im Handgelenk erneut mit ihrer Tasche auf die Brust, sagte dann, in gebrochenem Deutsch:

›Ihrrr in Deutschland vergessen Gott und mit Gott vergessen alles! *Sramota!*‹

›Selber *Sramota*, du olle Schrulle!‹, pfefferte ihr Marko junior entgegen, worauf es eine Ohrfeige vom Senior setzte.

›Älteren als dir selbst hast du nichts entgegenzusetzen, dass das klar ist, Sohn!‹

›Wo Worte nicht wirken, kann auch die harte Hand nichts richten!‹, betete ihm das Großmütterchen vor, den Rosenkranz noch in den Händen.

›Halt doch die Klappe, Alte!‹, winkte er genervt ab.

Sie ließen die alte Frau zurück und gingen ins Kloster. Auch Luka und ich folgten schon bald und sahen uns die Bilder an den Klosterwänden an. Wie viel Audienz für diesen kleinen Ort im Nirgendwo, von dem zu Hause in Berlin niemand weiß, dachte ich damals. Doch trotz des Trubels und so manch düsterer Erinnerung war dies für mich ein sicherer Ort, ein Ort, vor dem meine Eltern sich nicht fürchteten, voll von Menschen, denen sie nicht misstrauten. Hier im Hinterland, von den Weiten des Meeres getrennt durch die mit Serpentinenstraßen durchzogenen Berge, wurden die Schritte meiner Eltern fester, ihre Stimmen ausdrucksstärker. Weit entfernt von ihrem Berliner Alltag fanden sie sich wieder in einer Welt ein, die nicht verloren zu gehen schien. Die Zeit stand zwar nicht still, doch schritt sie nur langsam voran, was das Vertrauen in diese Gegend noch weiter stärkte. Es konnte eine grausame Gegend sein, mit oder ohne die Mutter Gottes, doch auch das Grausame war verlässlich und vertraut wie ein Verwandter, der nicht abzuschütteln ist und über Jahre mit am Esstisch sitzt, ungebeten und selbstverständlich.«

Als Mia aus ihren Erinnerungen auftaucht, gibt Zora ihr einen Kuss auf die Stirn, hinter der sich das Treiben verbirgt. Sie spielt mit Mias Haaren und seufzt.

»Mijo, Mijo, Mijo«, sagt sie leise, als wollte sie Mias Gedanken wieder in die Gegenwart rufen. Dabei tritt auch Zora gern in diese Zeit ein, wie durch eine Falltür, kaum hat man die Namen der Orte und Menschen von gestern ausgesprochen. »Wohin flüchtet das Erlebte, wo versteckt sich das Gestern«, fragt sich Zora und küsst ihre Nichte noch einmal auf die Stelle zwischen den Augenbrauen.

»Zora, damals, als dieser dicke Idiot mir die ganzen Geschichten erzählt hat, da hätte ich nie auch nur gedacht, dass ... Ich hätte nie daran gedacht, dass das Kämpfen noch mal losgehen könnte, dass man noch einmal an ein und derselben Stelle so eine ... All die Sommer, Zora, sie waren ...«

Zora fällt ihr ins Wort.
»Wie oft haben wir so dagesessen?«, fragt sie laut, als wollte sie Mias Gedanken übertönen.
»So oft, wie die NBA nachts gesendet wurde.«
Mia geht auf das Ausweichmanöver ein. Zora bevorzugt die private Vergangenheit. Ihr Leben. Ihre Erinnerungen. Nicht die eines Landes. Als hätte sie keine Ahnung davon, wie das eine mit dem anderen verwoben ist. Mia fühlt sich leicht. Trotz allem, trotz all der Geschichten so leicht. Schon wieder, denkt sie. Schon wieder leicht.
»Meinst du, Erinnerungen beschweren einen?«
Zora schüttelt heftig den Kopf.
»Erinnerungen sind dein Leben, Mijo, dein Anker. Von da aus, wenn du festgebunden bist, kannst du ganz leicht treiben und ruhen. Sonst bist du immer wie auf dem offenen Meer. Kein Horizont in Sicht. Das hält die Seele nicht aus, Mijo.«
»Aber in Kanada sagen sie, der Mensch kann sich neu erfinden. Die meisten tun nichts anderes, als sich neu zu erfinden.«
»Natürlich kannst du dich neu erfinden. Aber nur aus dem Stoff, den du zur Verfügung hast. Man braucht viel Kraft, um aus den alten Stoffen neue Kleider zu nähen, weißt du? Deshalb tragen doch die meisten immer die gleichen. Und diese Kraft wirst du nicht haben, wenn du nur auf offener See treibst.«
»Weißt du noch, wie viele Nächte wir hier so wach lagen?«
»Natürlich.«
»Und immer hast du erzählt!«
»Du hast ja auch noch nichts zu erzählen gehabt!«

»Sehr pädagogisch.«
»Natürlich. So lernst du früh, zuzuhören und wann du nichts zu sagen hast.«
»Jaja, zwei Sachen auf einmal. Die armen Kinder!«
»Wieso? Fehlt dir denn was? Hat dir je etwas gefehlt?«
Mia lacht. Diesen Satz kennt sie so gut: Fehlt dir denn was? Was fehlt dir denn? War das das Gleiche? Nein. *Šta ti fali?* So muss es heißen. Und nur so ist es, wie es wirklich war, denkt Mia.
Zora ist ein Nachtmensch, schläft meist nicht vor zwei, drei Uhr ein. Wenn eines übertragen wird, sieht sie sich Basketballspiele an, NBA, selbst wenn sie hundemüde ist von den Stunden im Restaurant. Zora liebt Basketball. Fußball sei interessant, sagt sie, gibt aber offen zu, dass sie ohne ihren verstorbenen Mann nie zum Fußball gefunden hätte, während ihr Basketball immer schon gefallen hätte. Schon lange vor ihm.
»Dass du nie zum Basketball gegangen bist, Mijo?! Nie!«
»Hast du dir je überlegt, wie groß ich war? Du hast schon deinen Sohn fertiggemacht mit deinem Basketballwahn. Manchmal glaube ich ja, er ist deshalb zurück nach Kroatien, damit du ihn mit seinen 1,69 nicht länger zum Basketball zwingst! Du hast wirklich gedacht, du kannst aus diesem Zwerg einen Dražen Petrovic machen! Der erste Basketballgott aus dem Berliner Wedding. Direkt aus Zoras Restaurant in die NBA. Damals, als Dražen Petrovic und Toni Kukoc groß waren, hat doch jeder zweite Jugo sich für den Erzeuger eines Basketballgenies gehalten.«
»Amerika war eine Weltmacht! Und wir? Ein klitzekleines Land im Vergleich! Was denkst du, wo wir heute wären, wenn nicht alle damals ausgewandert wären aus diesem

armseligen Land, wenn wir zu dem Land gehalten hätten, statt uns nach einem besseren Leben zu sehnen, als würde uns hier Honig ins Maul fließen? Mach dir das doch mal klar! Es war möglich, diese Basketballer zeigten es: Silber in Olympia! Da tritt die ganze Welt an, und wer kriegt das Silber? Unser kleines Land. Es war möglich, aber wir haben es ruiniert.«

Mia verdreht die Augen, doch Zora ist längst in Fahrt.

»Geld ist nun einmal nicht alles … Die Menschen, die Menschen sind das eigentliche Kapital. Und was haben wir mit diesem Kapital gemacht? Wir haben es auswandern lassen! In der Fremde haben wir Zustände in Kauf genommen, die wir zu Hause keine fünf Minuten lang akzeptiert hätten! Wir haben uns kaufen lassen«, sagt Zora, »kaufen lassen von unseren eigenen Träumen.«

Mia schüttelt den Kopf.

»Was hat das jetzt mit Basketball zu tun?«

»Na, der Basketball hat gezeigt, dass es geht. Verstehst du das nicht? Es ist das dritte Mal, dass ich es sage, wie oft soll ich es sagen, damit du es verstehst?«

»Ich verstehe es nicht besser, wenn du es noch hundert Mal sagst. Vielleicht könntest du es ja mal anders sagen?«

»Diese Männer hätten doch auch nach Amerika gehen können und für viel Geld für andere spielen können. Aber nein, sie sind geblieben. Weil man auch auf unseren Hinterhöfen Basketball spielen kann. Und in den Pausen dann das Essen der Mutter vorgesetzt bekommt. Alles ist möglich, wenn man nur hart genug trainiert. Heute gehen sie dem Geld nach, bezahlen eine Köchin und die Mütter werfen ihr Essen in die Mülltonnen.«

Zora glaubte damals an eine Wunderheilung der Welt durch

Basketball. Weshalb sie sich nichts sehnlicher wünschte, als dass ihr Sohn an dieser Wunderheilung teilnähme. Dieser Traum vom Basketballstar in den eigenen Reihen grenzte aus heutiger Sicht an Kindesmisshandlung, dessen war sich ihr Sohn, zum Glück, schon damals bewusst. Er schwänzte, nachdem er seine Chancen realistisch abzuschätzen gelernt hatte, das Training, um weiteren Schädigungen seines Selbstwertgefühls aus dem Weg zu gehen. Als Zora von seinem eigenmächtigen Entschluss erfuhr, brach der Familienkrieg aus im Restaurant: Wie konnte es so ein Sohn wagen, Träume zu durchkreuzen, die seine Mutter für ihn geträumt hatte, es war doch schließlich ihr Blut, das durch seine Adern floss, ihr Essen, welches ihn am Leben hielt, er war ohne sie nichts. Der Vater hatte seinen Sohn also ob der Kränkung mütterlicher Autorität anzubrüllen, dabei zog er sämtliche Erziehungsregister; Zora ertränkte das Ganze in Hektik, ignorierte ihren Sohn, was weit schlimmer war, als angebrüllt zu werden, denn dieses Ignorieren konnte sich über Tage hinziehen. Dass dieser ihr einziger Sohn mindestens einen Kopf kleiner war als noch der kleinste Spieler des Teams, interessierte in diesem Hause niemanden, außer den Sohn, denn niemand hier glaubte an Grenzen wie körperliche Einschränkung, man glaubte lediglich an den menschlichen Willen. »Wollen musst du es, wollen, du Weichei!«, schrie ihm der Vater ins schmerzverzogene Gesicht. »Ich hab doch kein Weichei gezeugt! Zora, wer hat diesen Jungen gezeugt?«, worauf dem Familienkrieg eine zweite Dimension von Ehekrieg hinzugefügt wurde, in dem der viel zu kleine Junge verschwand.

Zora erzählt von diesen Szenen mit einer Hingabe, die das

Heute beinahe auslöscht. Die vergangenen Zeiten sind ihr ein willkommener Gast. Sie weiß fast alles über vergangene Zeiten, nur nicht, wie man sie wieder gehen lässt. Mia war damals die Einzige, die dieses Unwissen mochte, die sich nicht erstickt fühlte von Zoras *Damals*. »Wenn Damals gut war, dann soll es immer sein!«, hat sie oft ausgerufen, wie einen Schlachtruf oder Trinkspruch, denn nichts auf dieser Welt beruhigte Zora so sehr wie dieser Satz. Und nichts beruhigte Mija damals so sehr wie beruhigte Erwachsene.
»Rufst du noch jeden Tag deine Mutter an?«
»Ja.«
»Sie lebt noch?«
»Sie atmet noch eigenständig, ja. Leben ist das nicht.«
»So schlimm wird es nicht sein, wenn sie noch alleine leben kann.«
»Mijo, sie sitzt da unten allein, ich sitze hier oben allein, also sitzen wir beide alleine. Ein Leben lang! Ein Fluch ist das, kein Leben.«
»Ich bin doch jetzt hier!«
»Aber sie sitzt allein! Immer sitzt irgendeiner allein.«
Mia will das Gespräch wieder auf Damals zurücklenken. Die Leichtigkeit ist weg. Mit einem Schlag, obwohl sie eben noch so glücklich war mit Zora und ihren Erinnerungen, weiß sie genau, was sie an diesen ihren Menschen unerträglich findet und fand. Weshalb sie froh war, sie nicht mehr zu hören, die Welt nicht mehr mit ihren Augen sehen zu müssen, denn diese Welt war bittersüß. Immer nur bittersüß, wenn überhaupt. Irgendeiner findet sich immer, dem es schlecht geht. Irgendeiner rechtfertigt das Leiden der anderen. Und wenn es die verstorbene Katze von

Großonkels Nachbar ist. Einer findet sich immer, für den oder mit dem man traurig sein kann. Statt sich darüber zu freuen, dass die Alte noch lebt, ja, statt Gott oder den Genen zu danken, einen gewissen Realitätssinn für das Leben und seinen Lauf zu haben, jammert sie darüber, nicht bei ihrer inzwischen neunzigjährigen Mutter sein zu können, die immer noch gesund genug ist, sich um sich selbst zu kümmern.

»Musst du denn immer alles ins Schlechte drehen?«

»Was habe ich denn ins Schlechte gedreht?«, fragt Zora verständnislos.

»Na, das mit deiner Mutter.«

»Was ist daran schlecht? Es ist, wie es ist. Ich habe es genau so gesagt, wie es ist. Ich habe nichts beschönigt und nichts erlogen.«

»Vergiss es, Zora. Vergiss es einfach.«

Da ist sie. Nach all den Jahren wieder diese Wut. In jeder Ecke ihres Körpers, im Herzschlag, im Blutkreislauf, hämmert diese längst erstickt geglaubte Wut. Doch Mia bemerkt etwas, das sie beinahe erschrecken lässt: Sie hat diese Wut vermisst. Genau diese Art Wut, die sie verschluckt, weil sie sich nur potenziert, sobald sie sich gegen jene richtet, die sie auslösen. In Kanada gibt es diese Wut in ihr nicht, nicht einmal versteckt in der Sprache. Selbst das Schimpfen wirkt noch wie eine Höflichkeitsübung oder ein Lautgedicht, das man eben so vorträgt, ohne dass es einen erfasst. Das Herz schimpft nicht mit, und der Verstand ist stärker als die Wut, hält sie in Schach. Selbst Rafael gibt sie meist säuselnd zu verstehen, dass er ihr auf die Nerven geht. Türen schlagen, Kissen werfen, ist alles möglich, doch nie packt es sie bis ins Letzte. Zora ging ihr auf die Nerven gerade. Und wie! Es gibt nur einen kleinen Spalt für andere Gedanken als diese Wut. Einen klitzekleinen Spalt, durch den diese Erinnerungen kommen. Früher gab es diesen Spalt nicht. Die Wut war ausweglos. Rafael konnte sie ihre Wut nicht zeigen, musste ihm stattdessen berichten, wie wütend sie war. Bei Zora war sie wütend. Nur das. Bei nächster Gelegenheit, wenn sie weniger müde war, würde sie ihr diese Wut schon entgegenschleudern und dann, das wusste sie, würde Zora ihr nichts schuldig bleiben. Nichts.

»Es ist schön bei dir, Zora.«

»Ja, das hättest du auch früher haben können.«

Mia ist zufrieden mit dieser Antwort. Es löscht den Abstand, den die verstrichene Zeit hat entstehen lassen. Wie in jenen alten Sommern, in denen die elf Monate Deutschland nichts bedeuteten, man sich wiedersah, als wäre nur ein Tag vergangen, so verschwindet auch jetzt Mias Leben in Kanada.

»Warum bist du damals eigentlich gegangen, Zora?«

»Ach! ... Weil alle gegangen sind!«

»Es sind nicht alle gegangen, sonst hätten wir ja nicht zurück ins Dorf gewollt.«

»Aber jeder, der etwas aus seinem Leben machen wollte, ist gegangen. Sie haben deinen Pass überprüft, sie haben beobachtet, mit wie vielen Fingern du dich bekreuzigst: ihr Gott oder unser Gott? Rotes Parteibuch oder kein rotes Parteibuch? Du warst fertig, bevor du überhaupt angefangen hast, wenn du nicht so warst, wie sie dich wollten.«

»Mama hat immer gesagt, du warst verliebt!«

»Deine Mama ...«

»Sie hat gesagt, du warst verliebt und ungezogen, und

überhaupt konnte dir niemand etwas sagen, du hattest immer schon deinen eigenen Kopf, und schließlich bist du mit einem Jungen durchgebrannt!«

»Durchgebrannt? Deine Mutter! Weggerannt bin ich, Mijo, weggerannt! Weißt du, das Herz. Ich hatte schon als Mädchen dieses schwache Herz. Und dann dieser Junge … War ich verliebt, Mijo! Die erste Liebe, keine siebzehn Jahre war ich. Er war einundzwanzig. Er arbeitete bei uns auf dem Hof. Uns ging es nicht schlecht damals, besser als vielen im Dorf. Meine Oma hat ihn bezahlt … Gott segne sie … Am ersten Tag schon war klar: Er hat gut mit angepackt, keiner von der faulen Sorte. Und gelacht hat er … Wie er gelacht hat … Ich wusste sofort, das ist Liebe, Mijo! Aber meine Eltern sagten, er ist zu arm für mich. So ein armer Mann und dazu vier Brüder und zwei arme Eltern. Sie sagten, man muss die Armut auch noch durch sechs teilen, das ist nichts für mich … Da wirst du hart arbeiten, die werden dir alle auf der Nase herumtanzen … Was zählt schon eine Frau unter vier Söhnen, eine Magd, mehr nicht. Liebe kommt und geht, das ist nicht wichtig, haben sie gesagt, wichtig ist, was bleibt, wenn sie gegangen ist.«

Zora seufzt und verliert für ein paar Sekunden den Faden.

»Sie sagten damals, er ist nichts für mich. Aber wenn ich schon an Männer denke, dann gibt es da auch einen für mich, sagten sie. Und wen gab es für mich? Ein großer Mann in einem braunen Anzug – und der wollte mich heiraten. Ein Witwer! Er dreißig Jahre und ich siebzehn, Mijo! Seine Frau war vor drei Jahren in einen Brunnen gestürzt und gestorben. Meine Eltern sagten: Ist egal, das mit seiner Frau hat nichts mit ihm zu tun, die war verrückt, die war schon vorher immer bei Ärzten und Hexen und hat Kräuter getrunken, weil sie verrückt war, die soll froh sein, dass sie überhaupt einer genommen hat … Aber ich wusste, dass es mit ihm zu tun hatte. Ich hab es an seinem toten Gesicht gesehen. Nichts war in diesem Gesicht, nichts, als wären die Muskeln tot und würden nicht mehr auf die Seele hören – wenn er eine Seele hatte. Ah, Mijo … Ich konnte das nicht, ich wusste, ich werde die Nächste sein im Brunnen, wenn ich diesen Mann nehmen muss.«

»Wie hast du es gemacht, Zora? Wie bist du weg? Und was ist aus ihm geworden?«

»Ich weiß nicht, was aus ihm geworden ist. Aber ich weiß, wie wir gegangen sind, ich weiß es wie gestern.«

Eine Woche, nachdem der Witwer im Hof gestanden hatte, verließ Zora in der Nacht von Dienstag auf Mittwoch mit Boris das Dorf, das Geld der Großmutter in der Hosentasche. Sie hatte sich den Dienstag für die Flucht ausgesucht, weil es ihr Tag war, der Tag, an dem sie geboren war. Ihre pechschwarzen Haare waren zu einem festen Zopf gebunden, die letzten Spuren ihrer Großmutter. Boris war ein junger Mann mit milden Augen und sanftem Gemüt, zu dünn für sein Alter, doch sehnig und stark. Nachts hatte er ihr manchmal in der Scheune die helle Haut geküsst, hin und wieder ihren Duft eingeatmet, doch bis zu dieser Nacht lebten die beiden von der Verheißung. Sie trafen sich, die Großmutter als einzige Eingeweihte, nachts an der großen Dorfstraße am Dorfeingang; von dort aus wollten sie zu Fuß nach Knin, auf jenen Straßen, wo tagsüber Schafherden und Kühe nach Hause getrieben wurden. Von Knin aus sollte sie der Zug nach Zagreb bringen, von Zagreb aus nach Deutschland, wo es Arbeit geben würde, das halbe Dorf war bereits dort, die meisten waren in Split aufgelesen worden wie Weizen vom Feld. Von diesem Dorf aus gesehen war Deutschland Amerika, besser als Amerika.

Je tiefer sie in die Nacht hineinliefen, ins Hinterland, Dorf um Dorf entlang der Bahngleise hinter sich ließen, desto stiller wurden sie. Ihr aufgeregtes Lachen verstummte. Sie spürten warmen Asphalt unter den Füßen, der mit jedem Schritt härter zu werden schien. Es dämmerte. Im Dämmerlicht boten ihre Gesichter Einblick in jene konturenlosen Ungewissheiten, die beide in sich trugen. Zora war vorausgegangen, um sich geschützt zu fühlen; doch mit jedem Schritt, mit dem sie der Stadt näher kamen, drehte sie sich häufiger nach ihm um, er lächelte jedes Mal, so, als wollte er sie beruhigen, doch allein sein Gespür dafür, dass es etwas zu beruhigen gab, beunruhigte sie. Schließlich packte er sie an der Schulter, drehte sie zu sich, sie gab sich widerborstig, bis eine Schwäche in ihr aufkam, die ihn gewähren ließ, eine Ohnmacht, die Zora für einen Moment von sich selbst befreite; sie gab nach, legte ihre Stirn auf seine Brust und wartete, bis er ihren pechschwarzen Zopf geküsst hatte. Er bedeckte ihr Gesicht. Zora gab ihren ersten Kuss in jener Nacht, verlor das Störrische mitsamt ihrem Trotz, ein Moment ihres Lebens, in dem sie nicht Sklavin ihrer selbst war. Sie gehörte der Liebe in jener Nacht, so, wie die Liebe ihr gehörte. Sie saßen am Straßenrand, um die Brote zu essen, die Großmutter für die beiden eingepackt hatte; nachdem Zora sitzend mehrfach eingenickt war, suchten die beiden sich einen Platz in den Feldern, Boris sollte ihn finden, den Platz, an dem sie eine halbe Stunde ausruhen würden, Rücken an Rücken.

All das geschah zu einer Zeit, da war das Lieben ein Geheimnis, betonte Zora immerzu, stolz, in dieser Zeit jung gewesen zu sein. Nicht wie die jungen Leute von heute, die alles schon gehört und gesehen hätten und nun wie kleine Soldaten das Feld der Liebe stürmen. Sie selbst hatte das Glück, so nannte sie es, nichts gewusst zu haben. Jede Regung war unerwartet und musste für sich entdeckt werden, weil alles, was es darüber zu wissen gab, jahrelang vor ihr versteckt worden war. Nichts schien ihr vergleichbar mit dieser Unschuld, dieser Zeit, in der sie darüber staunte, woher der Mensch weiß, wie er sich einem anderen nähern kann, wenn es ihm nie zuvor erzählt wurde. Mia schmerzten ihre Ausführungen, es schmerzte sie der Gedanke, dass ihr, nur weil sie später geboren war, etwas verwehrt geblieben war, das ihrer Tante bis ins hohe Lebensalter das Wichtigste war.

Als Zora und Boris Knin erreicht hatten, kauften sie die Fahrkarten nach Zagreb und warteten, die Scheine fest in der Hand, bei Tagesanbruch am menschenleeren Bahnsteig. Sie standen da und betrachteten einander, genau einen Meter voneinander entfernt. An jenem Morgen schon offenbarte sich ihr das Kommen und Gehen der Liebe. Die junge Zora erschrak darüber. Sehr. Doch dann war da die leise Hoffnung, es könnte alles wiederkommen, genau so, wie es war. In die Wartezeit der jungen Liebenden mischte sich vieles, das mit der Liebe nichts zu tun hatte. In diese Verunsicherung traten plötzlich zwei Polizisten, stellten sich vor die beiden, genau einen Meter vor sie. Einer der Polizisten war ihr Onkel, der Mann ihrer Tante mütterlicherseits. Zora und Boris sahen sich an, Zora begrüßte ihren Onkel mit Onkel und dessen Vornamen, damit Boris wusste, um wen es sich handelte. Boris bemerkte es nicht, zu groß war seine Angst. Er wurde umgehend daran erinnert, seinen Wehrdienst noch nicht abgeleistet zu haben. Zora fragte, ob ihre Eltern ihn angeschwärzt hätten, doch ihr Onkel erinnerte sie an seine Pflicht, wies die beiden auf seine Uniform hin und richtete sich wieder an Boris Matjas. Dieser bestätigte seine Identität, die Richtigkeit der Aussagen und verstummte. Man kann sich seinem Vaterland nicht widersetzen, sagte sein Schweigen. Das haben schon ganz andere nicht überlebt, versicherte sein Schweigen. Zora hörte seine unausgesprochenen Sätze klarer als alle Worte der letzten Nacht, doch zu verstummen, das gehörte nicht in ihre Welt, nicht zu dem, was sie liebte. Das Verstummen, gar vor den Uniformen, sollte nicht Teil ihres Lebens sein. Sie legte Boris seinen Fahrschein in die rechte Handfläche, nickte ihrem Onkel einmal zu und stieg wenig später in den einfahrenden Zug.

MAJA MARKOVIĆ

Berlin, 1982

In einer Nacht kurz vor Beginn der großen Sommerferien, als Luka noch bis in die späten Stunden mit seinen Freunden Fußball spielte, dabei die Zeit vergaß und alle, die sich um ihn sorgten, ging Maja mit der kleinen Lea in den Armen im Wohnzimmer auf und ab, versuchte, das Mädchen in den Schlaf zu wiegen. Maja ging damals noch nicht wieder arbeiten, blieb mit Lea zu Hause, noch ein paar Wochen, dann musste eine andere Lösung her, die Großmutter im Dorf vielleicht, Mirna, ihre älteste von drei Schwestern, in jedem Fall jemand, der so ein Kind in den Tagesablauf einfügen könnte, ohne Abstriche machen zu müssen. Maja war nervös damals. Sehr. Sie genoss ihr Kind. Mit jedem Kind war sie weicher geworden, bedürftiger. Während sie Luka noch ohne große Bedenken bei ihrer Mutter gelassen hatte, fiel es ihr bei Marko schon schwerer; bei Mija schließlich zerbrach etwas in ihr, das vermutlich schon zuvor angebrochen war, doch hatte sie es nicht bemerkt. Es gab anderes zu tun. Sie würde auch Lea wieder abgeben müssen, sobald es Zeit war. Marko arbeitete den ganzen Tag auf der Baustelle, jetzt, im Sommer, kam er nicht vor zehn Uhr abends nach Hause. Wenn er am Bau fertig war, arbeitete er oft noch schwarz bei Bekannten oder Freunden von Bekannten, die Wohnungen renovierten. Er kam in dieser Zeit meist betrunken nach Hause, man servierte bei den Bekannten gerne Bier zur Arbeit, oder selbst gebrannten Hochprozentigen. Die abgestandene Stadthitze hatte nachts die Dreizimmerwohnung fest im Griff, kein frischer Windhauch, keine Erleichterung. Lea schrie schon den ganzen Abend. Luka hätte um acht zu Hause sein sollen. Es war schon halb elf. Noch keine Spur von ihm. Maja hatte daran gedacht, Mija und Marko auf die Suche durchs Viertel zu schicken, tat es nicht, weil ihr Mann wütend wurde, wenn Mija nachts durch den Wedding lief. Sie war um halb zehn selbst rausgegangen, das Baby im Arm, mit Marko, ihrem Achtjährigen, suchte sie die gängigen Bolzplätze nach ihrem Elfjährigen ab. Keine Spur. Mija, damals fast fünf, wartete zu Hause. Als sie den Schlüssel in der Tür hörte, war sie aufgeregt hingerannt, hatte auf ihre Mutter samt Brüdern gehofft. Doch es war ihr Vater, der in die Wohnung kam, mit ihm ein Gefühl, das ihr die Kehle zuschnürte. Sie gab ihm einen Begrüßungskuss auf die Wangen, roch die Schnäpse in seinem Atmen. Wo sind die anderen, fragte er. Fluchen. Nur wenig später hörte man Maja und die Kinder, Lea noch immer schreiend, durch den Hausflur kommen. Marko hielt ihnen die Wohnungstür weit auf. Maja setzte ihr strenges Gesicht auf. Mit diesem Gesicht konnte sie ihren Mann manchmal zügeln, doch wenn er getrunken hatte, sah er dieses Gesicht nicht, nahm nicht wahr, was es sich verbat, ihm verbot. Und selbst wenn er es wahrnahm, dann befeuerte es nur seinen Jähzorn. Wie an jenem Abend. Zunächst schluckte er ihn herunter, zwang ihn, in seinem Bierbauch auszuharren, in diesem Bauchüberhang, den er sich in den letzten Jahren angetrunken hatte, der seinen sonst muskulösen, sehnigen Körper entstellte wie ein Euter an einem Männerrumpf. Mija hasste diesen Bauch und wie er über dem braunen Ledergürtel hing, hasste es, wenn ihr Vater sich selbstgefällig auf diesen Bauch klopfte, ihn streichelte, als hätte er besondere Zuwendung verdient. Kurz darauf rastete der Schlüssel im Schloss ein. Luka stieß die Tür auf, kickte den Fußball in den Flur.

»Was? Was gibt's? Was steht ihr alle hier rum?«

Sein Gesicht lief rot an, er erstarrte, als keiner antwortete. Maja drückte ihrem Mann das Baby in die Hände, zog Luka am Ohr und ins Kinderzimmer, wo man ihre Standpauke hörte. Luka brachte am Anfang nur hier und da ein paar Halbsätze zu seiner Verteidigung hervor, entschied sich jedoch schnell dafür, alles über sich ergehen zu lassen. Später lagen alle drei in ihrem Bett. Luka hatte ein eigenes, Mija und Marko teilten sich ein Stockbett, Mija schlief oben. Aus dem Wohnzimmer hörten sie Maja und Marko streiten, Lea schrie noch immer, doch Maja sang keine Wiegenlieder mehr. Luka betete sich leise vor, all das habe nichts mit ihm zu tun, nichts. Marko fragte in die Stille: »Ist das wegen dir, Luka?« Luka nur: »Nein, das ist wegen denen selber, denen tut immer was weh, immer. Vergiss die einfach, schlaf jetzt!« Mija saß aufrecht in ihrem Stockbett, die Bettdecke fest in den Bauch gedrückt. Luka sah an der Wölbung ihrer Matratze, dass sie nicht schlief: »Leg dich jetzt hin, Mijo!«, sagte Luka. »Schlaf jetzt!« Er stieg aus dem Bett und die Holzleiter zu ihr hoch, gab ihr einen Kuss auf die Schläfe: »*Ne boj se, Mijo, ne boj se!* Keine Angst haben … Das machen die doch nicht zum ersten Mal, das ist wie Räuber und Gendarm spielen für die, das kennst du doch …« Mija hielt sich an Lukas Daumen fest und blickte ins Dunkel. *»Ajde Mijo, spavaj, molin te …«* Luka küsste sie wieder, streichelte ihr Haar, bat sie wieder und wieder, sich doch hinzulegen. Aus dem Wohnzimmer hörte man einen Knall. Etwas war umgefallen. Das Geschrei wurde lauter. Mija fing zu weinen an. *»Nemoj Mijo, nemoj!«*, bat Luka sie. »Bitte nicht, die kommen gleich, wenn du heulst! Bitte schlaf, Mijo, schlaf!« Doch da ging bereits das Licht an. Marko und Maja standen im Zimmer. Luka sprang von der Holzleiter des Kinderbetts, stellt sich vor dem Bett auf und sah seinem Vater in die Augen. Er war kein Kind mehr in diesem Moment. Er wusste, was kommen würde. Er war keine zehn. Nicht in diesem Moment.

Marko und Maja machten schließlich wortlos das Licht im Zimmer aus. Erst als er glaubte, die beiden schliefen, weinte Luka sich in seinen Körper zurück. Mija war aus ihrem Stockbett geklettert, Marko versuchte noch immer, nicht zu existieren, kauerte sich an die Wand. Mija stand inzwischen an Lukas Bettkante, sah ihm zu, wie er weinte. Luka versteckte das Gesicht hinter seinen Fäusten, blickte durch einen Spalt in Mijas Augen.

LAPHROAIG

Berlin, 19. Januar 2013

»Das Erzählen ist eine ganz andere Geschichte«, sagt Jesus über seinem zweiten Laphroaig. Es ist ihr zweites Mal in Jesus' Lieblingskneipe, und es fühlt sich zum zweiten Mal an wie die einzigen Stunden hier, die nichts mit früher zu tun haben. Nach jedem Schluck atmet er tief aus – genau wie er es ihr beim ersten Mal verordnet hatte. Schon nach dem zweiten Schluck sitzt er inmitten einer nach Petroleum riechenden Wolke und ist stolz, genau diesen Whisky zu mögen, stolz, eine Kneipe gefunden zu haben, in der sie genau diesen Whisky servieren, jede Geste offenbart diesen Stolz.

»Weißt du, es heißt, mit Insulanern schließt man nur schwer Freundschaft, aber wenn, dann ist es für die Ewigkeit.«

Er riecht an seinem Whisky.

»So werben die Schotten für ihren Laphroaig.« Mia hält sich an ihren Rioja, den Gefallen mit dem Laphroaig hatte sie ihm nur einmal getan.

»Was sie meinen ist: Zeit. Die Dinge brauchen ihre Zeit. Es geht nicht alles per Klick … Ich glaube sogar, dieser Whisky zeigt uns: Je schwerer es uns fällt, etwas zu mögen, desto mehr mögen wir es, wenn wir es dann mögen … Aber du klammerst dich an deinem Rioja fest.«

»Und du stellst die Dinge, die wir nur schwer mögen, über jene, die wir einfach mögen.«

»Nein, ich würdige nur den Aufwand, den wir betreiben müssen, um manches zu mögen.«

»Meinst du jetzt Fremdes?«

»Fremdes und Eigenes.«

»Eigenes zu eigen machen?«

»Manchmal ist das Eigene das, was wir am wenigsten mögen. Am wenigsten besitzen.«

»Mhm.« Sie nickt. »Dieses Land, diese Stadt, diese Menschen. Meine Menschen, die weder zu diesem Land noch zu dieser Stadt noch zu diesen Menschen gehören. Und doch hierher. Aber nicht mehr hier sind. Es ist seltsam. Wenn ich durch die Straßen gehe, ist es, als wäre all das nicht meins, nur weil sie nicht mehr hier sind. Manchmal habe ich sogar das Gefühl, sie waren nie hier. Meine Familie ist zurückgegangen, und es ist, als wären sie nie hier gewesen, verstehst du das? Wir sind alle anderswo. Keine Spur von uns. Niemand hat eine Spur hinterlassen. Wenn Zora und du nicht in diesem Restaurant gesessen hättet, hätte nichts daran erinnert, dass ich in dieser Stadt aufgewachsen bin, dass wir als Familie unsere Leben hier verbracht haben, nichts. Wo soll ich also den Anfangspunkt setzen? In der Sprache, die meine Eltern nicht sprechen? In dem Land, in dem sie nie gelebt haben? Oder in dem Land, in dem sie gelebt haben, aber das ich nur ein paar Wochen im Jahr erlebt habe? Ich weiß nicht, wo diesen Punkt setzen, Jesus. Im Dorf meiner Eltern?«

»Weil du ein Kind warst, hast du das gedacht, weil du verstrickt warst in ihnen. Wo würdest du ihn heute setzen?«

»Hier. Genau hier im Wedding.«

»Und warum machst du es dann nicht?«
»Weil es mich an dieses Leben erinnert. Du weißt, was das für ein Leben war.«
»Nein, ich weiß nicht, was das für ein Leben war.«
»Aber ich weiß es.«
»Also lieber nicht der Wedding.«
»Exakt.«
»Und du meinst, das löscht dieses Leben aus?«
»Es hat dieses Leben bereits ausgelöscht.«
»Du hast nichts vergessen, Mia. Nichts.«
»Ich weiß aber so gut wie nichts mehr. Ich weiß fast nichts.«
»Weil du aufgehört hast, es dir zu erzählen. Man weiß nicht einfach etwas oder erinnert es. Man muss es sich erzählen. Sich und anderen.«
»Wie kommst du darauf?«
»Ich sehe dich mit Zora. Ich sehe das Mädchen, das diese Frau liebt. Trotz und gerade wegen allem, was sie ist. Und ich sehe die Frau, die sich schämt, nicht für Zora, sondern dafür, eine Frau wie Zora zu lieben. Trotz und gerade wegen allem, was sie ist.«
»Was heißt hier eine Frau wie Zora, Jesus?«
»Eine Frau, die nicht zu dem Bild passt, das du dir von dir gemacht hast. Sie passt auch nicht in das Leben, das du dir erkämpft hast. Aber wir suchen uns unser Leben nun mal nicht aus. Und auch die, die wir lieben, suchen wir uns nicht aus.«
»Das ist so europäisch! Das ist fast schon fatalistisch. Das können nur Leute behaupten, die mit der Geburt schon tausend Jahre Geschichte mit in die Wiege gelegt bekommen.«

»Ah, und in deiner Wiege lag nichts? Da lag nur Mia und rechts eine Babykette mit der Aufschrift ›neue Welt‹?«
»Ganz genau, da lag Mia, neue Welt. Ob du es willst oder nicht.«
Sie lachen.
»Ich bin überzeugt, dass du diesen Ausgangspunkt brauchst, Mia. Ich glaube nicht an ein Leben, von dem man nicht weiß, wo man herkommt. Und das meine ich nicht nur geographisch. Alles ist damit verbunden, selbst die Art zu lieben. Wer hat dich geliebt, wen hast du geliebt, wer hat dich geschützt, wer verletzt? Wer hat deine Träume zerstört, wer hat sie in der Welt platziert und wie. Und was genau willst du aus alldem machen.«
»Du hast sie in der Welt platziert, Jesus. Du.«
Plötzlich erschrickt er über die vermeintliche Macht, die sie ihm zuschreibt, und noch bevor er sich dagegen wehren kann, legt sie ihren Kopf auf seine Schulter.
»Ich könnte heulen jetzt.«
»Heul jetzt nicht, sonst sagen die fetten Säufer hier, es liegt an mir.«
»Fetter Säufer bist du selbst mit deinem Laphroaig!«
»Ja, fast. Nur fett bin ich nicht, das nicht!«
»Je nachdem …«
»Also das«, er streichelt seinen Bauch, »was du hier fett nennst, das verdanke ich deiner Tante.«
»Ja, meine Tante. Warum ernährt sie dich eigentlich?«
»Das liegt in ihren Genen.«
»Warum hab ich nichts von diesen Genen abbekommen?«
»Weil es deine Patentante ist.«
»Danke, Jesus.«

»Hast du nicht behauptet, dich an nichts erinnern zu können?«
Sie schüttelt den Kopf.
»Ich weiß schon einiges.«
»Du weißt alles, alles, was du wissen musst. Die Frage ist, wie du es zusammenbaust, *was* du erzählst.«
»Du meinst, wie ich mir mein Leben erfinde?«
»Am Ende ist es das: wie wir uns das Leben erfinden. Außerdem wäre es nicht schlecht, wenn das Erfinden etwas mit den Tatsachen zu tun hätte. Sonst beginnt dein Leben inmitten einer kanadischen Kunstgalerie statt in der Brunnenstraße.«
»Muss doch nicht sein, das mit den Tatsachen. Ich glaube, es reicht, wenn die erfundene Geschichte einem irgendwie sinnvoll erscheint und Lust macht auf das Leben.«
»Natürlich. So geht es auch. Du weißt ja, wo man solche heutzutage findet, Gottes gefallene Engel, Satans Kinder, Cäsars große Enkel und so weiter …«
»Ich bin nicht größenwahnsinnig.«
»Ach nein? Wie du diese Kamera hältst, als hätte sich der Prinz von Wales persönlich vor deine Linse gestellt. Kannst du nicht einfach Bilder schießen?«
»Fotografieren ist nicht einfach drauflosschießen.«
»O nein. Es ist ganz sicher etwas ganz Gewichtiges. Womöglich Kunst. Fotografieren ist ein Handwerk, Mia. Du lernst etwas über Komposition, Rahmen und Licht und dann dokumentierst du.«
»Was du nicht alles über die Welt weißt, da von deiner Mansarde aus.«
»Unendliches Arsenal an Wissen in meiner Mansarde. Wissen aller Sparten.«

»Arsenal verwendet man nicht im Zusammenhang mit Wissen. Solltest du wissen.«
»Was ich nicht alles wissen sollte.«
Jesus atmet tief aus.
»Und warum bist du noch hier? Warum bist du nicht zurück nach Madrid, wenn du denkst, man braucht diesen Punkt. Diesen Anfang.«
»Du täuschst dich, wenn du denkst, ich hätte Madrid verlassen. Ich bin Spanier, vergiss das nicht. Deutschland war zu keinem Zeitpunkt mein neues Leben. Es war immer nur das Eingeständnis, dass Spanien nicht mehr meine Heimat sein kann.«
»Lügst du dir da nicht was vor?«
»Vielleicht. Aber ich belüge mich von diesem einen Punkt aus, an dem ich immer noch der kleine Junge aus Madrid bin. Du belügst dich von einem Punkt aus, an dem du nie das kleine Mädchen aus dem Wedding warst, das sich an einen dahergelaufenen Penner hängt. Es passt nicht zu der Dame, die du geworden bist, dass dein Herz sich an einen Penner hängen konnte. Du hast doch gedacht, ich sei ein Penner, oder?«
»Bist du das etwa nicht?«
»Wenn Übersetzer Penner sind, bin ich Penner. Finanziell gesehen bin ich in jedem Fall Penner.«
»Es tut mir leid. Es tut mir wirklich leid. Ich hab in dir immer nur einen Mann von der Straße gesehen, so ohne Familie, in einer Dachwohnung, weißt du, ich …«
»Du musst dich nicht entschuldigen, ich habe nichts gegen Leute von der Straße. Und auch Menschen ohne Familie sind keine niedere Art für mich.«
Jesus sieht sie warm an. Da sitzt das Mädchen als Frau. Wie

er gelacht hat über dieses sture junge Wesen und seinen Ehrgeiz, mehr zu sein, mehr zu wissen, mehr zu wollen als jeder andere um sie herum.

»Am meisten an dir habe ich deine Maßlosigkeit gemocht. Du warst ein derart maßloses Mädchen. Es war nie genug. Nie. Ich hätte nicht gedacht, dass diese Maßlosigkeit dir so zu schaffen machen wird.«

»Ich ja auch nicht.«

Jesus beobachtet, wie Mia in ihren Fragen versinkt. Maßlos. Noch immer maßlos. Noch immer gefiel sie ihm, ihre Maßlosigkeit. Sie hört ihn schwer atmen. Das Rasseln in seinen Atemwegen reißt sie aus ihren Gedanken.

»Es gibt ein Buch. Von Machfus, glaube ich. Es ist genau so, wie wir es gerade leben«, sagt er.

»Wie leben wir es denn?«

»Ein Mann und eine Frau verbringen eine Nacht zusammen und reden nur über das, was sie waren und was sie nicht geworden sind. Darüber vergessen sie, was sie sind.«

»Sind wir denn ein Mann und eine Frau?«

Mia sieht ihn lange an. Er schweigt.

»Ist es ein schönes Buch?«, fragt sie.

»Ein sehr schönes.«

»Warum sollten wir dann etwas daran ändern?«

Er lässt sich Zeit mit der Antwort.

»Weil es noch ungeschriebene Bücher gibt.«

Sie bestellt zwei Laphroaig. Ihre Augen werden nach jedem Schluck schmaler, ihre Fragen weniger. Jesus atmet ihr den strengen Geruch des Whiskys in die Nase. Sie tut es ihm nach.

»Ich mag das«, sagt sie.

Er auch.

JESUS

Berlin, 20. Januar 2013

Am nächsten Morgen spazieren sie durch Berlin. Sein Angebot, sie zu begleiten, hat sie, zu ihrer eigenen Überraschung, ohne Zögern angenommen. Sie gehen wortkarg. Jesus stehen die Worte vor zwölf nicht im selben Maße zur Verfügung wie nach zwölf. Schlaftrunken folgt er ihr von einem Checkpoint zum anderen, von einer Gedenkstätte zu anderen, bis beide ermatten vor der Gegenwart.
»Was hast du als Nächstes auf dem Programm? Berlin-Hohenschönhausen? Was lachst du? So ein bisschen Stasi wäre doch nicht schlecht jetzt?«
»Du bist ein Idiot!«
»Darf ich zusammenfassen: Punkt eins waren verbrannte Bücher. Punkt zwei Mauerbau. Allerdings vom Westen aus. Punkt drei: Stelen für ermordete Juden. Hier fehlen definitiv noch Ostdeutsche im Programm.«
»Jesus, ich kann nicht mehr.«
»Ich kann auch nicht mehr. So was macht man in einem Jahr und nicht an einem Tag.«
»Ich hab's mir ja nicht ausgesucht.«
»Hab ich es dir etwa ausgesucht?«
»Schon gut, lass uns essen gehen.«
Sie wählen einen Türken am Kottbusser Tor, können nicht

sicher ausmachen, ob es sich um eine Bäckerei, einen Schnellimbiss oder doch ein kleines Restaurant handelt, aber einen Tisch finden sie problemlos und nehmen Platz.

»Meinst du, hier kommt einer?«, fragt Mia.

Er nickt, macht es sich auf dem Stuhl bequem und sieht durch das Schaufenster auf die Straße.

»Das ist schon visuelle Depression, was die einem hier bieten«, kommentiert er.

»Ich weiß.«

»Das ist mir ein Rätsel. Mitten in der Stadt ein solches Rätsel. So was findet sich normalerweise in der Peripherie. Nicht zu fassen.«

»Nein, nicht zu fassen«, bestätigt sie, »aber hier beginnt die Peripherie überall, mittendrin.«

Er nickt.

»Dabei hat Berlin in Toronto einen guten Ruf. In allen möglichen Kreisen heißt es dauernd: Berlin ist auf dem Weg von einer gewöhnlichen Metropole zur Vorzeigestadt.«

»Das kann ich mir vorstellen, dass man das in Toronto so sagt.«

»Wie meinst du das?«

»Toronto ist ja auch diese Art Vorzeigestadt. Wenn es so weitergeht, können sich weltweit diese künstlich hochgezogenen Vorzeigestädte kritiklos einander vorzeigen, und niemand stellt sich die Frage, was sie dem Leben zu bieten haben außer Beton. Ach, im Beton findet dann das Leben statt, ich vergaß. Wenn's mal moderner sein soll, bastelt der Architekt Glas und Metall in seine Entwürfe. Diese nordamerikanischen Städte … Sie breiten sich wie Kraken über den Menschen aus, die sie bewohnen, sie bieten keinen Lebensraum, sie verschlingen ihn mit ihrer Idee von

›urban‹. Weißt du, dass Krake aus dem Skandinavischen kommt und ›entwurzelter Baum‹ heißt? Eine Schande, dass Europa sich das bieten lässt.«

»Europa hat eben die Altstädte, und die drüben haben sie nicht, so einfach ist das, Jesus. Als ob unsere Altstädte nur menschenfreundliche Geschichten erzählen. Und trotzdem ist nicht Madrid oder Rom derzeit die Stadt, über die alle reden, sondern Berlin.«

»Sicher. Lichtet ja keiner meine Mansarde ab. Und es bezahlt auch keiner dafür, meine Mansarde in der Welt herumzuzeigen. Stattdessen zeigen sie in Toronto nur die Bilder, die sie zeigen wollen. Oder das hier, diesen Schlag gegen jegliches ästhetische Empfinden namens Kottbusser Tor, lichten sie das ab? So ist es mit der Welt heute: Sie zeigen uns die Bilder von der Welt, die sie wollen, und wir machen uns mit ihren Bildern ein Bild von der Welt, wie sie es wollen.«

»Amen. Und wer genau sind ›sie‹?«

»Na, ›sie‹ eben. Deine Freunde: Journalisten, Fotografen, all das Pack.«

»Ach so. Und früher?«

»Früher hatten wir kaum Bilder. Und wenn, hatte man Zeit für ein Bild, musste auf die Gelegenheit warten, die ein Bild ergibt, das etwas erzählen kann. Und weil dieses Bild selbst etwas erzählte, konnte man ihm nicht Beliebiges überstülpen. Es gab auch nicht von allem und jedem Bilder, also hatte man auch nicht zu allem eine Meinung. Aber heute: Sobald man ein Bild sieht, macht man sich eine Meinung. So ist das einfach.«

»In Janes Wohnung, du erinnerst dich, die Frau, bei der ich am Anfang gewohnt habe?«

»Ja, ich erinnere mich.«

»Bei ihr gingen einige einflussreiche Frauen ein und aus, weil sie im Keller ein Kosmetikstudio hatte. Eines Tages kam eine Juristin zu ihr, wohl eine hoch angesehene Frau in der Stadt, und meinte, nachdem Jane mich vorgestellt hat, Komplimente über Berlin loswerden zu müssen. Das klang dann etwa so: ›*You know, last time I went there, must be two years ago, I was really really surprised. I mean, they served good food over there. And actually, they behaved quite civilized.*‹ Sie meinte das nett, verstehst du?«

»Das verstehe ich schon.«

»Sie bezeichnet die Leute hier als zivilisiert und ist überrascht, verstehst du das.«

»Ja, ich verstehe das. Was verstehst du denn nicht?«

»Ich habe lange nicht verstanden, wie sie in dieser Art über Deutschland reden kann. Das ist die gleiche Art, in der Deutsche über ›uns‹ reden. Da, der Balkan! Zeigefinger drauf, Hand vor den Mund, und schon geht es los mit den ›eigentlichen‹ Wahrheiten. Wenn es harmlos läuft, geben sie etwas von sich wie: ›Sieh mal, langsam kriegen die da unten auf dem Balkan auch was auf die Reihe. Es gibt sogar gutes Essen hier und da, und die hauen einem nicht gleich in die Fresse, wenn man was Falsches sagt.‹«

»Dass die einem nicht gleich in die Fresse hauen, glaube ich erst, wenn ich es persönlich erlebe!«

»Du hast recht.«

Mia lacht leise in sich hinein.

»Gerade letzten Sommer haben sie den Regisseur Jiří Menzl in Dubrovnik zusammengeschlagen. Er wollte einen Film drehen. *Mein Kroatien*. Seine Frau ist Kroatin, glaube ich. Jedenfalls steht er vor einem Restaurant und will filmen, als der Besitzer sich lautstark beschwert, dass der Name seines Restaurants in dem Film nicht zu sehen sein wird, wenn der Kameramann die Kamera in dieser Höhe draufhält. Der Wirt fängt an, das Filmteam zu beleidigen, seine Frau prügelt auf die Kamera ein und der Sohn vom Wirt kümmert sich derweil um Menzl.«

»Wurde jemand verletzt?«

»Nein.«

»Na, dann geht's ja.«

»Jesus, der Mann ist Oscar-Preisträger! Der Spott zog sich bis nach Toronto!«

»Die Leute werden immer spotten ... Faustrecht ist nicht das schlechteste Recht, weißt du. Was schneidet der Kerl ihm auch den Namen aus dem Film, wenn er schon seinen Laden filmt?«

»Jesus, du redest zu viel mit Zora.«

»In Deutschland passiert so etwas nur deshalb nicht, weil man jeden Zentimeter, den man filmen will, genehmigen lassen muss, so einfach ist das, meine Liebe. Und eigentlich ging es dir doch darum, dass die Deutschen es aus Sicht dieser Kanadierin gerade mal so schaffen, ein ordentliches Essen auf den Tisch zu stellen.«

»Genau, darum ging es.«

»Und das, obwohl die Deutschen sagen, die Kroaten stellen gerade mal so ein ordentliches Essen auf den Tisch.«

»Genau.«

»Das sagen sie vor allem deshalb, weil sie nicht willens sind, im Urlaub ordentlich für ein Essen zu bezahlen. Deswegen essen sie im Sommerurlaub Ćevapčiči statt Fisch. Also Abfall. Das hat lange Tradition für Deutsche. Sie sind einfach geizig beim Essen«, bestätigt er.

»Ach, das stimmt doch auch nicht. Das ist mir viel zu extrem jetzt.«
»Doch, das stimmt. Discounter sind eine deutsche Erfindung.«
»Und deswegen heißen sie Discounter?«
»Du bist und bleibst eine Rotzgöre. Was stört dich denn an der Sache, Mia? Dass diese Frau es zwar gut meinte, im Grunde jedoch abwertend gegenüber Deutschen war? Oder dass dir da erst bewusst wurde, wie abwertend man in Deutschland deiner Heimat gegenüber ist? Oder stört dich eigentlich nur eine einzige, ganz banale Tatsache: In beiden Fällen gehörst du nämlich zu jenen, die am Ende der Kette stehen.«
»Es stört mich, dass ich es dir erzählt habe, du Raubein. Lass uns essen jetzt, du bist unerträglich mit leerem Bauch.«
»Ich bin mit einem einzigen Brötchen im Bauch durch diese Stadt und an all ihren Opfern vorbeigelaufen. Da kannst du nicht erwarten …«
»Ich erwarte gar nichts … Iss jetzt einfach.«
Sie beugt sich über ihr Essen. Natürlich hat er recht. Sie steht beide Male am Ende dieser Kette. Und diese hoch angesehene Frau macht nun, vom anderen Ende der Welt aus, selbst den Teil der Kette klein, der sich normalerweise über ihren anderen Teil stellt. Er hat recht. Im Grunde ist sie gekränkt. In ihrem Zweiländerstolz gekränkt. Aber es war ihr nicht klar gewesen. Anfangs dachte sie, sie wäre schadenfroh darüber, auch die Deutschen einmal von oben herab in ihrem Zivilisationsstand eingestuft zu sehen. Diesen gönnerhaften, im Grunde jedoch herablassenden Tonfall kannte sie nur von einer Heimat gegenüber der anderen. Deutsche äußerten sich gerne darüber, wie zivilisiert der

Balkan inzwischen sei, doch nie wäre ihr in den Sinn gekommen, an einem anderen Ort auf dieser Welt könnte man sich mit derselben Gönnerhaftigkeit über Deutschland äußern. *Quite civilized.* Erst als sie diese Einschätzung als Beleidigung empfand, spürte sie eine Zugehörigkeit zu dem Land, von dem sie sich sonst immer abgegrenzt hatte.

»Mia, darf ich dich etwas fragen?«

»Darüber muss ich erst nachdenken.«

Sie beißt in ihr Brot, dann, mit vollem Mund:

»Was ist, lachst du mich aus?«

»Nein.«

»Was lachst du dann so?«

»Weil du mich so unglaublich an mich erinnerst.«

»Tu ich das, ja?«

Sie sieht ihn an und weiß genau, wovon er spricht. Ist sie also, obschon sie sich immer als eine Außenstehende gesehen hat, Teil dessen, was sie kritisierte? Sie erinnert sich daran, wie sie in Kanada einen deutschen Fotografen kennengelernt hatte, sie ins Gespräch gekommen waren und er ihr von seinem Heimweh erzählte, was sie sofort dazu veranlasste, all die Dinge aufzuzählen, die sie an Deutschland hasste. Nachdem sie mit ihrer Tirade fertig war, sagte er: »Genau das ist *so* deutsch. Danke, dass du mich daran erinnerst, was ich nicht vermisse.« Diese ewige Selbstkritik. Ihr war die Kinnlade heruntergefallen, als er sie, ihrer Rede wegen, als typisch deutsch bezeichnete. Und die offene Kinnlade sagte eins: Er hatte recht. Hatte sie sich durch die Kritik abgrenzen wollen und war dabei deutscher geworden, als sie es je gedacht hatte? Sie hatte seitdem viel über die Selbstkritik der Deutschen nachgedacht, eine Selbstkritik, die viele gerne als Selbsthass auslegen, die ihr jedoch eher wie eine Form pervertierter Selbstliebe vorkam. Die Deutschen hassen sich dafür, nicht so zu sein, wie sie sich lieben können. Im Grunde, so glaubt sie, ist die deutsche Selbstzerfleischung nichts anderes als die maßlose Wut darüber, nicht so grandios zu sein, wie man sein könnte, ja vielleicht sogar sein müsste, um sich selbst gerecht zu werden.

»Ich habe keine deutschen Freunde in Toronto, weißt du, obwohl ich eine Menge Deutscher kennengelernt habe.«

»Du bist eben ein schwieriger Mensch«, sagt Jesus. Dann fragt er ernsthaft:

»Hast du denn dort kroatische?«

»Nein.«

»Hat die Frage, woher sie kommen, überhaupt eine Rolle gespielt, bei der Wahl deiner Freunde?«

»Ich dachte erst, es hätte keine Rolle gespielt. Aber wenn ich jetzt die Leute durchgehe, die ich kenne, fällt mir auf, dass sie wohl weder Deutsche noch Kroaten sein durften, wenn sie mir näherkommen wollten. Also hat es wohl eine Rolle gespielt. Nur anders.«

»Das ergibt Sinn.«

»Sinn?«

»Ja, Sinn. Du bist nicht der Typ, der in die neue Welt zieht und dort die alte sucht. Du bist nicht eine, die kurz nach der Ankunft einen Heimatverein gründet oder einen Laden mit deutschen Produkten aufmacht. Und ich wage zu sagen: Du bist eine, die gegangen ist, um ohne Vergangenheit zu leben und nicht, um sich in einem Puppenheim einzurichten, das an zu Hause erinnert.«

»Mag sein«, antwortet sie, überraschend mild. Er lässt sie

in ihre Gedanken abtauchen. Sie hört ihre Stimme gerade besser als seine, denkt er. Warum sollte ich ohne Vergangenheit leben wollen, fragt sie sich. Weil Kroaten nicht minder gefangen sind in ihrem Selbsthass? Doch so, wie bei den Deutschen die Selbstliebe in Selbsthass umschlug, so wurde bei den Kroaten der Selbsthass zu einer pervertierten Form der Selbstliebe.

»Diese Phantasie von der eigenen Grandiosität, die man bei vielen Kroaten findet, diese Phantasie wurzelt doch in einem Selbsthass, meinst du nicht?«, fragt sie Jesus, als hätte er ihre Gedanken bis dahin verfolgen können.

»Ich möchte mir das nicht herausnehmen, Mia, ich kenne Zora und dich und deine Familie ein wenig, mehr nicht … Ich sehe da nicht, wie soll ich es sagen …?«

»… du siehst das Grandiose nicht, von dem ich spreche, stimmt's? Du, aus einem ehemaligen Königreich kommend, kannst in einem Bauernvolk nicht die Größe entdecken, die es sich selbst andichtet.«

»Mia, in Spanien waren nicht alle Könige. Ein König lebt davon, dass andere nicht König sind. Was denkst du, weshalb ihr mir so vertraut wart?«

»Tut mir leid … Es ist nur so, dass eure Bauern zumindest dachten, sie seien Teil eines Königreichs, oder nicht? Es war *ihr* König, der sie beherrschte, ihre Kultur, die verbreitet werden sollte und so weiter … Die Kroaten hingegen wurden von anderen Königen beherrscht, die ihrerseits die eigene Kultur für weitaus verbreitenswerter hielten als die kroatische. Manche sagen, wir wurden immer unterjocht. Das ist das historisch gewachsene Gefühl. Der kroatische Selbsthass, der sich vordergründig als Größe tarnt, wurzelt in einer Kette von Erniedrigungen, Fremdherrschaften und der kollektiven Erinnerung an Unterjochung. Sogar Beihilfe zur Selbstunterjochung gehört zu diesem Bild. In Jugoslawien haben wir den Serben dabei geholfen, uns zu unterjochen, sagen viele. Im Gegensatz zu den Deutschen, die ihre Grandiosität mit Selbsthass verdecken, verdecken die Kroaten die Scham über ihre Erniedrigungen, ihre Niederlagen mit Grandiosität. Wenn du mit Kroaten sprichst, könntest du meinen, du sprichst mit Vertretern einer Großmacht. Wenn du aber mit Deutschen über Deutschland sprichst, könntest du meinen, Deutschland sei ein junges Nachkriegsland, geradezu ein Entwicklungsland.«

»Das mag stimmen.«

»Hinter den Türen, Jesus, sieht es natürlich ganz anders aus. Hinter verschlossenen Türen sprechen die Kroaten in irgendeiner Form von dem Elend, das es bedeutete, immer unter fremder Herrschaft gelebt zu haben, immer von anderen ausgeplündert worden zu sein; die Deutschen hingegen erzählen sich, wie gut es hierzulande doch im Grunde ist, wie wertvoll die deutsche Kultur ist und wie stark die deutsche Geistestradition die Weltgeschichte beeinflusst hat.«

»Ja, dieses Bild von sich konnte selbst ein aufgearbeiteter Hitler nicht auslöschen.«

»Nein, konnte er nicht. Und was soll ich damit anfangen? Soll ich mich ein Leben lang an der eigentlichen Wahrheit abarbeiten? In Toronto lebt man nach vorne.«

»Nein, Mia, *du* lebst in Toronto nach vorne, weil dein Ballast nicht in Toronto sitzt und dich aufhält.«

»Mag sein, aber die Menschen da, sie wirken anders, weil …«

»… weil du *ihre* Wunden nicht kennst. Nur darum.«

»Aber es wirkt lebendiger.«
»Das kann sein, Europa ist ein altes Schiff …«
»… und warum sollte man freiwillig auf einem alten Schiff segeln, auf so einem alten, überladenen Schiff?«
»Weil man es will, vielleicht. Und weil nicht alles, was man will, ganz freiwillig ist, auch wenn es so klingen mag.«
Er steht auf, geht an den Tresen und zahlt. Der Besitzer des Ladens wechselt noch ein paar Sätze mit ihm, die sie nicht hören kann. Sie fragt sich, womit sie Jesus eben verletzt hat. Sie weiß, dass sie ihn verletzt hat. Er hat sich zu schnell bewegt, ist zu schnell aufgestanden.
Auf der Straße spürt sie seine erhöhte Sensibilität, als hätte er etwas von seiner üblichen Gelassenheit in der Eile verloren. Wohin mit ihm jetzt? Sie weiß nicht, was sie sagen soll, bleibt vor einem Plakat stehen.
Er beantwortet ihre Frage, indem er sich verabschiedet. Sie sieht ihm nach, sein Rücken wirkt breit in dem dicken Mantel, von weitem sieht er aus wie ein geknickter älterer Mann, von weitem wirkt er nicht wie der Mann, den sie in ihm sieht.
Sie geht alleine weiter, spaziert durch Kreuzberg, sieht sich die Schaufenster an, die Gäste in den Cafés. Sie haben heute einen Staffellauf gemacht von Denkmal zu Denkmal. Und am Ende waren sie wütend aufeinander. So kommt es immer, denkt sie, wer zu tief gräbt, trifft früher oder später auf Granit. Aber sie weiß, was auch immer ihn eben verärgert hat, es liegt nicht tiefer als die Nähe, die sie teilen. Sie vergisst, nach nur wenigen Schritten vergisst sie seinen Ärger, fragt sich nicht weiter, womit sie ihn verursacht hat, weiß einfach, morgen ist ein neuer Tag und Jesus wird da sein, denkt sie und widmet sich ihrer Tour, so, wie sie sie ge-

plant hatte. Sein Vorwurf, sie ginge nur ein Denkmal nach dem anderen ab, hallt nach. Natürlich. Sie gibt ihm recht. Zu viel für einen einzigen Tag, eine Woche. Oder zwei. Und nirgends das Ellis Island Berlins. Sie vermisst die Leichtigkeit, mit der auf der anderen Seite des Atlantiks aus jeder grauenhaften Geschichte Funken der Hoffnung schlagen, der Glaube ans Überleben. Wo nur sind die Berliner Geschichten, die leuchten könnten, fragt sie sich. Wo sind die Geschichten der Menschen, die jetzt hier leben? Sie findet nur jene, die hier gestorben sind. Auf Ellis Island hängen Briefe von mittellosen griechischen Bauern. An einen davon erinnert sie sich besonders gut, im letzten Raum des langen Ausstellungsflurs hing er in einem Rahmen. Die Handschrift des Griechen war unsicher, man konnte ihr ablesen, nicht geübt zu sein im Schreiben, so wie dem Text abzulesen war, wie ungeübt er darin war, seine Liebe in Worten auszudrücken. Er sprach nur von dem, was er der Familie nun alles würde nach Hause schicken können, wie er für sie sorgen würde. Dabei saß er noch auf der Insel und konnte nicht einmal sicher sein, wirklich Einlass in die verbotene Stadt zu bekommen. Aus diesem einen Brief hatte sie mehr darüber erfahren, was es bedeutet, dem Traum vom besseren Leben zu folgen als durch ihr ganzes Nachdenken über ihr Leben in Deutschland. Vielleicht einfach, weil es ein fremdes Leben war. Sie erinnert sich daran, wie ihre Mutter von Briefen an ihre Mutter, an Mias Großmutter, erzählt hatte. Nicht minder unbeholfen müssen diese Briefe gewesen sein, ähnlich hilflos wie die des Griechen, dachte sie damals, als sie vor diesem Brief stand, der den Briefen ihrer Mutter erstmals ein Gesicht gab. Es war einer der wenigen Momente, in denen sie ihre Mutter ein Stück weit verstand. Solche Momente vermisst sie in den Museen hier. Was geschah nach dem Fall der Mauer? Eine kurze Phase der Euphorie, doch dann setzte sich die Unzufriedenheit der Menschen in die Lücke, die nicht erzählte Geschichten hinterlassen. Bald schon hieß es nur noch, man sei sich im Grunde zu fremd, um ein Land, ein Volk zu sein, denkt Mia. Während die Jugos schon bald nach dem Krieg hinter verschlossenen Türen darüber lamentierten, man sei sich im Grunde zu nah, um nicht in einem Land vereinigt zu sein. Es ist immer vor allem das, was nicht ist, auf dieser Seite des Atlantiks. Was war aber dann das Gesicht dieser Stadt? Wo war ihre Geschichte in dieser Geschichte? Ihre Eltern waren Gastarbeiter. Gastarbeiter gab es hier in Massen, aber eben keine Immigranten. Wenn Begriffe prägen, dann programmierte dieses Wort das Gefühl eines Provisoriums in das Lebensfundament der Eingewanderten. Vom ersten Tag an waren sie nur Gast. Sie hatte einmal gelesen, Australien hätte seine Einwanderer bei ihrer Ankunft als *New Australians* willkommen geheißen. Was wäre gewesen, wenn ihre Eltern als neue Deutsche hier angekommen wären? Hätten ihre Eltern das überhaupt gewollt? War es nicht mindestens so wichtig für sie wie für die Gastgeber, nicht Teil des Ganzen zu sein, sondern Teil des Landes, in dem sie nicht mehr lebten?

Wie auch immer, sie kamen als Gastarbeiter. Ihr Leben hier war ein Provisorium. Vererbt man ein Provisorium? Natürlich nicht. Von einem Provisorium hofft man lediglich, dass es nicht zusammenfällt, solange es seinen Dienst zu erfüllen hat. Die Tatsache, von ihren Eltern nichts, aber auch gar nichts über dieses Land mitbekommen zu haben, kommt ihr plötzlich vor wie eine Antwort auf ihre verlorene Erinnerung. Es gibt in ihrer Kindheit keine Geschichten über Deutschland. Ihre Eltern haben nie von Deutschland gesprochen. Außer, wenn es um Dankbarkeit ging. Diese Dankbarkeit, diese beschämende Dankbarkeit ihrer Eltern gegenüber diesem Land. In Kanada ernten viele Einwanderer Bewunderung für ihren Fleiß oder Geschäftssinn. In Deutschland hingegen wird Dankbarkeit erwartet für die Arbeit, die man verrichtet hat, weil hier viele davon auszugehen scheinen, in ihren Heimatländern hätten diese Leute für ihre Arbeit niemals so viel bezahlt bekommen, sonst wären sie gar nicht erst hier. Wieder Scham, aus einem Land zu kommen, in dem kein Geld zu verdienen ist. Diese Scham. Wäre sie weniger stark gewesen, wenn die Dankbarkeit auch nur zu einem Zeitpunkt gegenseitig gewesen wäre? Mia weiß es nicht. Doch ihre ganze Jugend über hatte sie ihre Eltern immer nur danken gehört. Vor allem ihre Mutter. Ihre Mutter meinte, sie verdanke diesem Land alles. Mia hasste diese Haltung schon als Mädchen. Wenn sie jemandem etwas zu verdanken hatte, dann war es nicht ihre Leistung, dann war das, was man erreicht hatte, von der Gunst des anderen abhängig, von der Chance, die einem gegeben wurde. Natürlich kann man für eine Chance danken. Aber nicht für ein ganzes Leben und was man selbst aus dieser Chance gemacht hat. Diese Einseitigkeit hatte sie schon früh wütend gemacht. Das Wort Gastarbeiter gepaart mit dem Wort Dankbarkeit, und schon bebte sie vor Wut.

Plötzlich versteht sie, weshalb sie nie Hilfe annimmt. Danke sagen zu müssen, erinnert an die devote Haltung ihrer Eltern gegenüber einem Land, das sie immer nur geduldet hat. Ihre Mutter meint sich selbst dafür entschuldigen zu müssen, ihren Lebensabend in ihrer Heimat zu verbringen, weil sie die deutschen Renten nun kroatischen Metzgern in den Rachen stopft. Mia wird wütend über die Scham ihrer Eltern. Sie erinnert sich an Erzählungen, wie ihre jungen Eltern bei ihrer Einreise nach Deutschland einem Gesundheitscheck unterzogen wurden. Die beste Freundin ihrer Mutter, die auch dabei war, lachte, als sie erzählte, die meisten hätten Angst gehabt, sie wären nun nach Dachau gebracht worden. Als würden sie über ihre eigene Dummheit spotten und nicht über die Geschichte ihrer Gastgeber. Diese Bauern, die deutsche Unternehmen rekrutieren ließen, wurden in ihrer Heimat in Züge gesetzt und nach Deutschland gefahren. Sie wussten nichts über Deutschland damals. Nichts Gutes zumindest. Sie gingen in das Nachkriegsland, das aufgebaut werden musste, das sie nur aufgrund seiner Nazi-Vergangenheit kannten, und sie ließen sich in einem Münchner Keller auf ihre körperliche und geistige Gesundheit hin untersuchen. Das hat sie immer an Ellis Island erinnert. Nur, dass es in München keinen Ort gibt, der diese Geschichten erzählt. Ihre Mutter hat bei dieser Untersuchung ihre Augen abgegeben, denkt Mia heute. Sie wollte um jeden Preis so gesehen werden, wie sie willkommen war in diesem Land. Sie sah sich seit jenem Moment nur noch mit diesen fremden Augen und dachte die Welt nicht mehr von ihrem eigenen Ort aus. Plötzlich vermisst Mia ihre Mutter. Kein neues Gefühl. Sie hat sie selbst vermisst, als sie noch da war. Wie kann so eine starke Frau aufhören, die Welt mit ihren eigenen Augen zu sehen?

ADORO TE DEVOTE

Berlin, 20./21. Januar 2013. Zagora

Nachdem sie den ganzen Tag durch die Stadt geirrt ist, liegt Mia nun müde und matt auf dem Bett. Zora arbeitet im Restaurant, es wird noch ein paar Stunden dauern, bis sie nach Hause kommt. Mia schlägt die Beine übereinander, verschränkt die Arme hinter dem Kopf. So nicht, denkt sie. An der Stadt liegt es nicht. Sie ist hier aufgewachsen, was also soll der Versuch, in Museen und bei Denkmälern etwas über sich herauszufinden? Sie denkt nicht an Denkmäler, sie hat als Kind nicht an sie gedacht. Sie denkt nicht an die Mauer, sie denkt, wenn sie an die Mauer denkt, eher an den Weg von der Mauer nach Hause. Sie denkt sich zurück an den Tag der Sprengung der Kirche, die sie zufällig erlebt hat. Ja, natürlich, eine Kirche wurde in die Luft gesprengt. Ja, natürlich, es war ein historisches Ereignis, es wird erinnert, doch was sich an diesem Tag in ihre Zellen schrieb, war weniger die Angst vor einer Kirchensprengung als die Angst um die Polaroid, die Lust auf ein eigenes Bild, das Eis unter den Füßen und der harte Boden, als sie auf den Hintern fiel.

Adoro te devote, latens Deitas.
Demütig bete ich dich, verborgene Gottheit, an.

Demütig um Licht bitten, das hatte sie seit der Kindheit gelernt. Ministrantenunterricht. Keine acht Jahre war sie alt, trug den roten Talar und das weiße Chorhemd wie eine Auszeichnung, allein der Zugang zur Sakristei, in der sie sich verkleidete, war eine Auszeichnung. Sie war das erste Mädchen, das Messdienerin sein durfte in der kroatischen Gemeinde im Wedding. Sie wusste nicht, ob es erlaubt war, kam sich während des Gottesdienstes jedoch vor wie ein Junge, weshalb sie sich die Haare schneiden ließ wie ein Pagenjunge, den sie aus einem Jugendbuch kannte, und stellte sich so, als gefühlter Junge, neben die anderen Jungen in die Reihe. Demut gegenüber dem verwundeten Gottessohn, das hatte sie in der Kirche gelernt.

Dir unterwirft sich ganz mein Herz.

Unterwerfung dem gegenüber, der am meisten Leid ertragen hat. Wenn Jesus, ihr Jesus, nur wüsste … Wunden, Leiden, Wunden, Leiden. Im endlosen Wechsel. So hatte sich das Leben den kroatischen Katholiken aus dem Hinterland vorgestellt. Zunächst hatte es ihnen die Hand geschüttelt, nur um sich dann in die Knochen zu bohren. In Berlin bohrte man die Wunden und Leiden einen oder zwei Zentimeter tiefer als im Hinterland. Weil sie gebeugt liefen, Untertanen, die niemand gezwungen hatte zum Joch, die es jedoch trugen, aus müder Gewohnheit ererbter Körperhaltungen. Wie oft, wenn einer sich nicht verhielt, wie er sollte, zu selbstbewusst war, zu viel Eigensinn hatte, hörte sie: *Er hat keinen Charakter, wenn er sich nicht unterwerfen kann.* Die Fähigkeit, sich zu unterwerfen, galt als Maß des eigenen Charakters, als Maß der Ehre, die man jenen zukommen lassen muss, die einen entehren und unterwerfen. Je größer dein Opfer, desto größer bist du als Mensch, hieß das.

Amen.

Bei allen Leuten im Dorf ihrer Eltern war diese übel riechende katholische Sehnsucht nach Leid zu finden. Wenn alte Witwen die Türen zu ihrem Haus öffneten, strömte der Geruch von Leid aus den Fluren. Sie öffneten die Türen nicht wie Lebende, Überlebende, sie öffneten ihre Türen mit dem Unglück der zum Weiterleben Verdammten. Ach, wäre ich doch nur an seiner statt gegangen, hörte man alte Frauen oft jammern, wenn einer starb. Dabei beteten sie nachts heimlich ihre Rosenkränze für mehr und mehr Jahre in ihrem Leid. Lustvoll leidend saßen sie auf ihren Schemeln und ließen ihre schwarzen Rosenkränze zwischen den Fingern spielen. Und doch war diese Zeit die glücklichere Zeit. Das Leiden war eine schöne Sache, schließlich litten alle mit, und wie schön waren die Stunden, in denen man das Leid vergessen durfte, ja, es herrschte beinahe ein Zwang, es zu vergessen, denn wie sollte man sonst leben? Das maßlose Leiden war immer auch die Ausrede für maßloses Feiern gewesen. Wie konnte man sonst böse Geister vertreiben? Nach Beerdigungen wurde getanzt, gesoffen und geliebt – um die Seele vor der Trauer zu retten. Leid war so allumfassend, so mächtig, man musste sich dagegen aufbäumen.
Diese Zeit als Ministrantin war trotz allem nicht die schlechteste, vielleicht auch nur, weil es die letzten Jahre vor dem Krieg waren.

Es gibt zwei Dörfer.
Zwei in dieser Geschichte.
Das vor dem Krieg und das danach.
Die vor dem Krieg und die danach.

Das Sommerdorf der tobenden Kinder, die sich an keine Regeln hielten, hinter allem eine Aufgabe sahen; jeder Moment unbändige Energie, bis die Erschöpfung sie heimsuchte und sie wie abgebrannte Streichhölzer in ihre Bettschachteln fielen. Um sich zu erneuern, für den nächsten Morgen, wenn der Hahn kräht. Weit mehr als drei Mal. Steinhäuser. Feldarbeit. Brotbacken. Seilspringen. Viehweiden. Die Dorfkinder suchten das Dorf nach Möglichkeiten ab, es zu markieren, wie Hunde. Ja, jeder wollte die ausschlaggebende Idee haben für dieses oder jenes. Es gab einen Wettstreit um alles, um die beste Idee, den weitesten Sprung, den am weitesten gespuckten Kirschkern. Der Dünnste unter ihnen kroch eines Tages sogar durch die kleine Öffnung im Hühnerhäuschen, weil auch er etwas können musste, was keiner konnte. Ganz egal, wie viel Hühnerkot an seinem Hemd klebte, er musste an diesem Tag etwas können, über das jeder sprechen würde. Schon am Abend war sein abgemagerter Körper eine Fähigkeit. An den Hühnermist dachte keiner mehr. Meist standen die Kinder zu zwanzigst herum, manchmal sogar mehr. Nie standen sie still. Nur die Zeit stand still, dachte Mija damals, alles bleibt gleich hier, in ihrem ersten Dorf, alles bleibt für immer genau so wie jetzt, dachte sie, als sie das letzte Mal auf dem Rücksitz des Autos saß und ihre Familie sich auf den Weg nach Deutschland machte.

JAHRE SPÄTER.
DIE NACH DEM KRIEG.

Plötzlich fiel es ihr wieder ein: Sie ist in den Schulferien zum ersten Mal allein in das Dorf ihrer Eltern gefahren. Sie steht an der Bushaltstelle und sieht dem dunklen Rauch nach, den der Bus, aus dem sie eben gestiegen ist, hinter sich herzieht. Sie trägt ein Sommerkleid, ein blaues langes Sommerkleid mit weißen Punkten. Sie sieht, wie sich die Hauptstraße den kleinen Berg hinaufwindet, rechts und links davon die Häuser, die sie zu gut kennt. Betonhäuser ohne Fassade meist. Das Haus ihrer Eltern liegt ganz oben auf dem Berg. Es wartet. Es wartet auf ihre Familie, die nicht mehr kommt. Sie geht über die kleine Brücke, kein Wasser im Fluss, es war ein Sommer voller Dürre, sie geht an dem Panzer vorbei, als wäre es selbstverständlich, ihn dort stehen zu sehen, viel weniger selbstverständlich als die Tatsache, dass sie diese Hauptstraße Jahre nicht betreten hat, die Straßen sie nicht mehr kennen und die Menschen sie nicht erkennen.
Keine Kinder auf dem großen Platz in der Mitte des Bergdorfs. Die Türen zu den Häusern sind geschlossen. Mittagshitze fegt immer auch eine Art Mittagstod über diese Dörfer, sie erinnert sich gut daran. Und doch ist es anders leise. Anders still. Es ist ein anderes Dorf jetzt. Die Stille ist nicht mehr die Stille, während der sich die Menschen kurz in ihre Betten legten, um sich wenig später im Halbschlaf den Schweiß von der Stirn zu wischen. Diese Stille ist unausgefüllt, Abwesenheit. Die Jungen sind Männer geworden, in den Krieg oder die Städte gezogen, die Frauen sind in die Städte gefolgt – oder. Sie wagt es nicht zu denken. Nur die Alten hängen auf ihren Höfen fest.

Niemand ist zu sehen. Während früher neue Traktoren mit dicken und dünnen Söhnen darauf durchs Dorf fuhren, um die Ernte von den Feldern zu holen oder Leuten beim Bau eines Hauses zu helfen, rosten sie nun in den Garagen. Die dicken und dünnen Söhne suchen in den Städten nach den Erträgen der letzten Jahre. Auch deutsche Schäferhunde, die früher vor den Häusern saßen und Besuchern den Weg zu den Höfen mit Adrenalin spickten, liegen alt und müde vor ihren Trinknäpfen. Wo früher noch geschimpft wurde über alles und jeden, macht sich Apathie breit, niemand wagt sich nach dem Krieg noch an etwas heran, als könnte alles in die Luft gehen, wenn man es mit Worten anrührt, selbst im nachhinein. Hier und da sieht sie an den Häusern neue Fassaden. Zitronengelb ist beliebt. Sie spaziert durch die Hauptstraße, sieht die Finger alter Frauen, wie sie die Fensterläden, die sie der Hitze wegen geschlossen hatten, einen Spalt öffnen, um ihr mit müden Blicken zu folgen, sie trauen Fremden nicht, so wenig wie sie jungen Frauen trauen, die allein und in einem Kleid ins Dorf kommen. Sie hätte jetzt weitergehen müssen, zum Dorffriedhof, sie hätte die Häuser nach Einschusslöchern durchsuchen, das Haus ihrer Eltern besuchen müssen. Doch sie geht zum Haus ihrer besten Freundin, wo die große Schwester einst im Hof saß und Bohnen putzte, diese schöne Schwester mit den schwarzen Locken, eine der wenigen im Dorf, die gut in der Schule waren, die es schaffte, die *Zadruga* im Erdgeschoss, die ihr Vater, der es mit dem Alkohol und den Rechnungen nicht so genau nahm, beinahe gegen die Wand gefahren hatte, wieder zum Laufen zu bringen. Diese schöne Schwester mit den großen, dunklen Locken sitzt mit einem Mal vor Mias Augen.

»Mijo!«, umarmt sie die Mutter ihrer besten Freundin, nachdem sie sich zu erkennen gegeben hat. Die kleine Frau mit dem Sonnengesicht, deren Haare so schwarz waren wie sonst nur die der Frauen auf Haarfärbepackungen. Sie strahlt, klatscht in die Hände. Ruft die anderen zusammen, alle schlafen sie oder liegen in ihren Zimmern. In Ružas Gesicht fehlen ein paar Zähne, doch sonst war nicht viel anders geworden an ihr. Mia tritt in den langen Hausflur, von dem die Zimmer abgehen. Die alte Matratze, auf der sie als Kinder gesessen hatten, steht noch an die Wand gelehnt. Es muss diese Woche geregnet haben, denkt Mia, sonst wäre die Matratze nicht im Flur. Sie sitzen in der Küche, das Lachen, das Essen. Selbst gebackenes Brot. Selbst gemachter Käse. Ein wenig Schinken. Und viel Staunen. Kein Wort über die letzten Jahre. Sie kommen ihr gleich nah vor, alle gleich nah, die ganze Familie, selbst der Freund des Bruders, den sie noch nie gesehen hat und der mit am Tisch sitzt, fühlt sich vertraut an. Sie erzählen sich nichts, sagen sich nichts, beim Mittagessen korrigieren sie Mija, als sie *Prijatno* sagt. Es heiße jetzt *U slast*. Oder *Dobar tek*. Sie versteht. Sie erzählen ihr von den Leuten, die sie kennt, wer wo in der Stadt Arbeit gefunden hat, ob sie Frauen und Kinder haben und wie oft sie ins Dorf kommen. Zum samstäglichen Fußballspiel kommen sie alle, wenn auch nur als Zuschauer. Mija fragt nach dem Dünnen. Und alle verstummen. Der Dünne. Während des Krieges hat sich seine Gabe, selbst durch kleinste Hühnerhäuser kriechen zu können, als hilfreich erwiesen, erklärt Mijas beste Freundin das Schweigen später. Sie sitzen auf dem Balkon und können von dort aus die Bushaltestelle sehen, an der Mija angekommen ist. Niemand hat dich erkannt, sagt Žana, aber wir haben schon nach wenigen Minuten gehört, dass eine Frau im blauen Kleid ausgestiegen ist und die Hauptstraße entlang ins Dorf läuft. Sie haben dich in unser Haus gehen sehen, wahrscheinlich stehen sie schon draußen mit meiner Mutter und wollen wissen, wer du bist. Der Dünne, was ist mit ihm, will Mija wissen. Wer gut einsetzbar war, und der Dünne war gut einsetzbar, weil er immer zeigen musste, dass sein Dünnsein keine Schwäche ist, wer so war, der wurde irgendwann eben so eingesetzt, dass er verschwand. So war das oft. Alle, die das Angeben nicht abstellen konnten, sind nicht zurückgekommen. Es haben nur solche Angeber überlebt, die wussten, wann man angibt und wann es besser ist, etwas nicht zu können.

»Ich habe alles in den Nachrichten gesehen«, sagt Mija hilflos.

»Ja, die Nachrichten«, wiederholt Žana abfällig.

»Die reden nicht wie du.«

»Nein, die reden nicht wie ich. Sonst würde auch kein Idiot mehr angeben. Wie sie in diese Brigaden gerannt sind, als hätten sie ihr Leben lang auf nichts anderes gewartet.«

Žana küsst Mija zum Abschied auf die Stirn.

»Komm wieder, ja? Ich bin jetzt in der Stadt, in einer kleinen Wohnung am Markt. Zusammen mit Anita. Komm mich besuchen nächste Woche, ja?«

Mija nickt. Und macht sich auf den Weg zurück in die Stadt. Ins Haus ihrer Eltern schafft sie es an diesem Tag nicht mehr. Sie muss noch einmal kommen. Und darf ihren Eltern nicht verraten, dass sie im Dorf war, ohne ins Haus zu gehen. Dieses Haus.

»Da besuchst du mich bald, ja?«, ruft Žana ihr nach. Mija

nickt und winkt, ohne sich noch einmal umzudrehen. Sie geht die Hauptstraße entlang zur Bushaltestelle, die Panzer stehen am Ende der Hauptstraße, Soldaten sind keine zu sehen, nur verlassene Panzer. Mija wartet auf den Bus. Als er kommt, ist sie die Einzige, die einsteigt.

Žana hatte ihr all die Jahre Briefe geschrieben. Doch nie etwas erzählt. Der Krieg existierte kaum in diesen Briefen, so wie er vorhin in der Küche kaum existierte, als sie die Suppe löffelte, den Ziegenkäse aß. Nur ein oder zwei Mal hatte sie in den Briefen Witze gemacht über die Bomben, die hinter den Häusern fielen. Darüber, wie es war, vor den Häusern zu sitzen, Bier zu trinken, sich umzudrehen, um nachzusehen, ob das eigene Haus getroffen war. Und dann weiterzureden, weiterzutrinken. Oder waren das Nedas Geschichten? Auch sie hatte Mija Briefe geschrieben, nicht so viele und so lange, doch dafür, dass sie gar nicht wirklich befreundet waren, erstaunliche Briefe. Mija hatte immer den Eindruck, Neda hätte sich in die Briefe verliebt. Wenn Mija die Briefe las, wirkten die Nachrichten wie ein Spielfilm, der mit dem, was unten geschah, nichts zu tun haben konnte. Ab und zu machten sie Witze über die Bomben. Über die Soldaten. Die Frauen, die gerne Kaffee kochten für Soldaten. Als wäre alles nur Theater, *mise en scène* für sie. Erst später, als keine Bomben mehr fielen, keine Soldaten mehr stationiert waren, erst dann verstummten die Witze völlig. Dann kamen die Alleswisser und schrieben vor, wie man zu reden, wie zu erziehen und wie zu erinnern hatte. Das war dann die Freiheit, für die sie gekämpft hatten, sagten viele.

Fast ein Jahrzehnt später, die Ernten in den Städten fielen mager aus, zog es die Jugend von damals zurück in die

Dörfer, weil die Städte schnell zu teuer für sie geworden waren. Die meisten waren nicht gut genug ausgebildet, um in den Städten ihren Weg zu machen, sie blieben Hinterlandkinder, das wussten sie und kamen zurück, um es ungestört und unbelächelt zu sein. Sie zogen in das Haus ihrer Eltern ein, bekamen ein Zimmer und ein paar Kinder, damit es mehr Zimmer würden. Sonntags gingen drei Generationen gemeinsam in die Kirche. Das eigene Leid ist nie so groß wie das von Christus, predigten die Pfarrer. Die alten Mütter zitierten das an den übrigen Wochentagen, wofür die jungen Schwiegertöchter sie hassten. Das eigene Leid ist nie so groß wie das von Christus.

Mia nimmt ihr Notizbuch aus dem Rucksack und setzt sich auf Zoras Sofa und schreibt: *Das eigene Leid ist nie so groß wie das von Christus. Grässlicher Satz. Und warum, wenn er mit diesen Sätzen aufgewachsen ist, war das Leid meines Vaters immer größer als die Wundmale Christi? Wie konnte er sein Leid so wichtig nehmen? Warum liebte er seine Wunden so sehr, wo über den Wunden der anderen die Sprachlosigkeit lag? War es diese seine Liebe zur Wunde, zu seiner eigenen Wunde, die mich gezwungen hat, den Blick von der Wunde an sich abzuwenden? Väter brennen sich in Töchter ein. Er war eine Gefahr für mich. Seine Liebe zu mir war eine Gefahr für mich, zumindest glaubte ich das damals. Ich denke nur noch Gicht, wenn ich an ihn denke, als hätte ihn die Gicht aufgefressen. Für jeden anderen Menschen wäre Gicht eine Kleinigkeit, etwas, wogegen er Tabletten bekam und fertig, doch für ihn demonstrierte sich in dieser Gicht plötzlich sein ganzes krummes Dasein. Wer ist dieser Mann, der sich mein Vater nennt? Was ist aus ihm geworden? Ich kenne nur noch seine müde Stimme am Telefon, und schon diese Stimme …*

Mia schläft auf dem Sofa ein, ihr Notizbuch auf dem Bauch. Sie schläft tief.
Luka ist auf dem Weg in die Küche und macht sich Bolognese vom Nachmittag warm. Mija kommt aus dem Kinderzimmer.
»Willst du auch?«
»Nee, hab schon.«
»Der Alte hängt schon wieder vor der Glotze.«
»Wo soll der denn sonst hängen?«
»War der überhaupt mal draußen heute? Licht und so?«
»Welches Licht, Luka? Seit Tagen gibt's kein Licht, du weißt doch, er hasst Winter.«
»Ja, was er hasst, weiß ich, nur was er liebt, ist mir nicht klar.«
»Marko haben sie den Führerschein weggenommen«, wechselt Mija das Thema.
»Ach was?«, fragt er erschrocken, nur, um im nächsten Moment laut aufzulachen. »So ein Depp! Keine zehn Tage. Wenn überhaupt zehn Tage. Jetzt volles Programm mit Nachschulung … Wie denn?«
»Ist durch 'ne Dreißigerzone und hat's nicht geschnallt. Irgendwann hat's halt geblitzt.«
Luka lacht wieder. Er holt die Bolognese aus der Mikrowelle und stopft sich die Spaghetti in den Mund.
»Hat der Alte was dazu gesagt?«
»Er hat's ihm noch nicht erzählt.«
»Sollte er aber. Er will bestimmt hören, dass er selber schuld an allem ist.«

»Ist er ja. Er ist selber schuld.«
Der Vater öffnet die Küchentür, geht zum Kühlschrank und holt eine große Schale Schokopudding heraus, die er auf den Tisch stellt.
»Hier. Hat Mama euch gestern Nacht noch gemacht.«
»Klar hat's Mama gemacht«, sagt Luka und zuckt mit den Achseln.
»Klar hast du es nicht gemacht!«, fährt sein Vater ihn an. »Dass die euch noch Pudding macht nach der Arbeit. Ihr seid doch keine zwölf mehr. Ihr könnt euch den Pudding selber machen. Aber ihr könnt nichts selber machen. Nichts. Stattdessen in eurem Alter noch Pudding von der Mutter essen.«
»Komm, hock dich auf dein Sofa und glotz Nachrichten!«, schimpft Luka mit vollem Mund, ohne vom Teller aufzusehen.
»Nachrichten glotz ich, wann ich will! Jetzt glotz ich dir beim Fressen zu. Das ist ja nicht essen, was du da machst. Wie ausgehungert. Den ganzen Tag draußen, aber abends muss man Mamas Nudeln essen. Hast du kein Geld, dir tagsüber was zu kaufen?«
»Nächstes Mal, Tata, nächstes Mal komm ich mit vollem Bauch zurück und fress die Nudeln meiner Mutter nicht.«
»Ja, mach das. Und friss dann trotzdem zu Hause noch den Pudding deiner Mutter.«
»Ach, leck mich doch ... und friss deinen Pudding selber.«
Luka lässt die Gabel mit den aufgerollten Spaghetti auf den Tisch fallen, steht auf, zieht sich die Schuhe an, nimmt seine Schlüssel und die Jacke von der Garderobe. Er schlägt

die Tür laut hinter sich zu. Mija steht still und sieht ihren Vater an.

»Was?«

Sie schüttelt den Kopf, legt die Gabel zurück auf den Teller und räumt den Tisch ab.

Im Hausflur rennt Luka fast seine Mutter um.

»Wo gehst du hin?«

»Draußen was essen.«

»Aber ich hab doch …«

»… das soll dein Mann essen!«

»Pass auf dich auf, Luka, hast du gehört! Hast du gehört! Hast du gehört!«

MARKO MARKOVIĆ

Berlin. Dalmatien

Der Arzt hatte Medikamente verordnet gegen Gicht. Sie lagen über dem Fernseher, und Marko Marković ließ in regelmäßigen Abständen seinen Blick auf die kleine weiße Schachtel mit dem gelben Mittelstreifen fallen. Dazwischen verfolgte er die Nachrichten. Seine Tage waren ein Staffellauf von Tagesschau zu Tagesthemen und zurück. Privatsender kamen nicht infrage. Nachrichten waren öffentlich-rechtlich und vorzugsweise von blonden Frauen zu überbringen, davon hatte ihn Dagmar Berghoff schon kurz nach seiner Ankunft in Deutschland überzeugt. Wettervorhersagen wurden umgeschaltet, sobald ein wettergerecht gekleideter Wettermann mit Fellmikro über Naturlandschaften auf dem Bildschirm lief. Nein, Marko Marković wünschte eine Deutschlandkarte, eine ordnungsgemäße Wetterkarte, auf der sich Tiefs und Hochs aufeinander zubewegten oder voneinander fort, sowie einen seriösen Meteorologen, der die Gründe für diese Verschiebungen vollkommen unverständlich darlegte. Denn gerade die Tatsache, dass er nichts von dem Gesagten verstand, gab ihm das Gefühl, es mit einem seriösen Wetterbericht zu tun zu haben.

Immer wieder fiel sein Blick auf die kleine Schachtel. Dann auf seine Hände. Diese Schachtel mitsamt ihrem

Inhalt empfand er als Bedrohung. Seine Hände krümmten sich. Er schaute sie an. Sie sprachen mit ihm. Was sie ihm erzählten, ließ sich in einem Wort wiedergeben: Müdigkeit. Manche hätten Erschöpfung dazu gesagt, doch für ihn hatte Erschöpfung nichts damit zu tun, erschöpft war Gott, nachdem er die Welt erschaffen hatte. Er selbst war müde. Und hatte keine Welt erschaffen. Wenn sich seine Hände vor Müdigkeit krümmten, dann waren diese Hände seine Hände, die von ihrer Müdigkeit und seinem Leben erzählten. Er blickte wieder auf die weiße Schachtel mit dem gelben Streifen. Alles Entscheidende hatte er mit diesen Händen getan. Alles, worauf er stolz war und wofür er sich schämte. Bevor der Arzt behauptet hatte, seine Finger krümmten sich wegen Gicht, war er überzeugt, sie krümmten sich, weil sie mussten. Jetzt, da er immer müder wurde, sah er an seinen Händen, wie unmöglich es war, sich noch ein Leben aufzubauen. Sein Leben. Er war müde. Die Jahre legten Müdigkeit in Gelenken ab, und wem es nicht gelungen war, dort anzukommen, wo er hinwollte, bevor sich die Müdigkeit in den Knorpeln festbiss, dem würde es nicht mehr gelingen. Selbst der, dem es gelungen war, dort anzukommen, würde irgendwann die Müdigkeit zu spüren bekommen, aber er würde vielleicht zugleich spüren, wie zufrieden er mit all dem war, was ihn müde gemacht hatte.

Damals, als junger Mann, er war gerade Anfang zwanzig, hatte er zwei Jahre lang den Wehrdienst absolviert und seine nicht ganz volljährige Maja mit dem Einverständnis ihrer Eltern geheiratet, damals also war der dreiundzwanzigjährige Marko nach Deutschland gekommen und hatte mit ebendiesen Händen zunächst auf Baustellen gearbeitet, bis er in die Fabrik kam, wo er mit diesen Händen Metall verarbeitete, sich an diesen Händen Verbrennungen in der Gießerei zuzog, Brandblasen. Dann war er mit diesen Händen am Steuer seines Opel Ascona immer wieder zurück ins Dorf gefahren und hatte das Haus gebaut, für das seine Familie nach Deutschland gegangen war, das Haus, in das sie hatte zurückkehren wollen. Er hatte den Beton gemischt, der dazu nötig war, ihn die Treppen hinaufgetragen, er hatte die Fahne aufs Dach gesteckt, als es fertig war, alles mit diesen Händen.

Die Tabletten würden die Gicht eindämmen, die Symptome lindern, hieß es seitens des Arztes. Die Krankheit würde nicht voranschreiten. Vielleicht würde sich sogar der Krampf lösen und er könnte wieder leben wie vorher. Marko Marković hatte nur genickt, er wollte dem Arzt nicht die gute Prognose verderben. Dennoch glaubte er ihm nicht. Schließlich waren es schon immer die Hände gewesen, die ihm das alte Leben, das von vorher, zerstörten. Vor acht Jahren, als er in der Fabrik aufhören musste, waren es die Hände, die ihm den Dienst aufkündigten. Es geschah über Nacht, zum ersten Mal bemerkte er es im Restaurant, als er Zora helfen wollte und ihm das Tablett mit den leeren Gläsern zu Boden fiel. Noch lange, nachdem alles geputzt war, saß er mit Zora am Esstisch, und sie sahen auf seine zitternden Hände wie auf ein Haustier. Zora hatte noch gesagt, das würde aufhören, ein bisschen Essen, Schlaf und einen Schnaps und am Morgen wäre es vorbei. Doch es legte sich nicht. In der Fabrik teilte man ihn für gröbere Arbeitsschritte ein, Aufgaben, bei denen auch zitternde Hände nicht viel falsch machen konnten, doch als es schlimmer wurde, und es wurde schnell schlimmer,

fielen ihm selbst die groben Teile aus der Hand, bis es gar nicht mehr ging. Arbeitsunfähig. Seither saß er arbeitsunfähig zu Hause und verfolgte die Nachrichten. Vor allem solche aus ärmeren Teilen der Welt. Oder solche über Rentensätze. Oder Sozialhilfeempfänger. Arbeitsunfähig war kein schlechter Zustand. Inzwischen zitterten seine Hände nicht mehr so oft. Doch dafür hatte er jetzt diese Gicht. Sein Blick fiel auf die weiße Schachtel. Und wieder auf seine Hände. Lebensunfähig, dachte er oft. Es war nicht Arbeit, zu der er nicht fähig war, er hatte mehr gearbeitet als die meisten Menschen, seit seinem fünften Lebensjahr hatte er geackert, Beton gemischt und Häuser gebaut, war ausgewandert, hatte geackert, Häuser gebaut und Metall geschraubt. Nur eines hatte er sich nicht aufgebaut: ein Leben. Und nun musste er dasjenige sein Leben nennen, das es nun einmal war. Selbst, wenn es nichts mit ihm zu tun hatte.
Mit Anfang dreißig wollte er bereits zurück ins Dorf. Maja wollte noch nicht. Er wusste schon nicht mehr, weshalb nicht. Es musste irgendetwas wie Möbel oder Fliesen für das Bad gewesen sein, glaubte er, es gab immer etwas, das sie noch zu brauchen glaubte und das man mit Deutscher Mark besser kaufen konnte als mit Jugoslawischen Dinaren. Das nächste Mal, als er zurückwollte, war es nicht Maja, die sich ihm in den Weg stellte. Es waren Panzer. In den Nachrichten hatte er sie einrollen sehen. Er wusste nicht einmal, wo diese Massen von Panzern plötzlich herkamen und weshalb man sie vorher nie zu Gesicht bekommen hatte. Im Fernsehen sah er, wie die Krajina von Panzern überrollt wurde. Sie saßen beim Abendessen, aßen und sahen, wie zu Hause die Schüsse fielen. Die Krajina. Das

Gebiet hinter der Zagora, aus der er kam. In seiner Kindheit war das weit weg. Es hieß anders dort als zu Hause, allein das klang nach weit. Knin. Das waren vielleicht vierzig Kilometer. Also sehr weit weg. Knin galt als große Stadt. Als wichtige Stadt. Und nun sah er diese Stadt jeden Tag in den Nachrichten. Er sah, dass sie überhaupt nicht groß war, aber tatsächlich wichtig. Dagmar Berghoff las Abend für Abend in aller Ruhe ab, was sich in dieser Stadt ereignete. Tag um Tag Telefonate. Seine Brüder, seine Schwager, sonstige Verwandte. Selten Freunde, die hatten eigene Verwandte. Gegen diese Anrufe waren Dagmar Berghoffs Nachrichten die reinste Erholung. Sie sagte nur, was war, sie las nicht gleichzeitig vor, wie es ihr dabei ging.
Er las die Tageszeitung nun außer Haus. Oder bevor die Kinder aus der Schule kamen. Nicht, weil er ihnen die Nachrichten, sondern weil er sich ihre Fragen ersparen wollte. Vor allem Mijas Fragen. Mija fragte zu viel. Immer schon. Und wenn er keine Antworten auf ihre Kinderfragen fand, dann heulte sie irgendwann los. Eine Zumutung war das. Die Jungen waren einfacher, die interessierten sich nicht dafür. Wofür sie sich interessierten, wusste er nicht, aber der Krieg ließ sie kalt. Seine Mija hingegen ließ so gut wie nichts kalt. Stattdessen ging alles sie etwas an. Sowohl das, was sie wirklich anging, als auch das, was sie besser nichts angehen sollte. So stellte sie ihm schon über Ceaușescu Fragen, die sie mit ihren zwölf Jahren wirklich nichts angingen. Und was genau sollte er dazu sagen? Sie fragte ihn, was an diesem Ceaușescu eigentlich anders war als an Tito und warum man Tito nicht hingerichtet hatte, warum man den sogar ins Krankenhaus gefahren hatte. Was sollte er darauf antworten? Am hilflosesten fühlte

er sich, wenn sie ihn darauf ansprach, dass er über Titos Tod geweint hatte: »Du hast doch geweint? Du hast früher immer erzählt, wie du geweint hast!« Sie bohrte, wollte wissen, weshalb er nun schlecht von ihm sprach, wenn er damals um ihn geweint hatte. Wenn ich das nur selbst wüsste, dachte Marko. Damals hatte man ihm das mit Tito eben anders erzählt als heute. Heute wurde so anders erzählt, heute erkannte man die Geschichte nicht wieder, und deshalb wurde über Tito, so wie heute erzählt wurde, nicht mehr geweint. Als Mija eines Tages in der Zeitung eine Fotoreportage über das Ceauşescu-Regime gelesen hatte, überstieg ihr Fragen alles, was er leisten konnte. Er hing an ihr. Er hing an ihren dummen Fragen, auch wenn er es nicht zeigen konnte. Doch die darauffolgenden Tage waren die Hölle für ihn. Erst neulich, als im Fernsehen zu sehen war, wie die Panzer durch Knin rollten, kam sie ihm wieder mit so einer Frage, der nämlich, ob man nun den schwangeren Frauen zu Hause auch die Bäuche aufschlitzen würde und ob ihr Nachbar Mate, der ja jetzt Soldat sei, dann auch dabei wäre. Zum Teufel mit dir, hatte er gesagt, und genau das Gegenteil gemeint. Als er im nächsten Sommer mit Mate und ein paar Leuten am Tisch saß und dieser von seinen Einsätzen erzählte, musste Marko auf die Toilette. Er war immer schon zu schwach gewesen für einen Mann. Er schrie Mija an, wenn sie im Anschluss an die Nachrichten fragte: »Ist es bei uns jetzt eigentlich auch wie in Rumänien?« Er schrie sie an und verfiel danach in stundenlanges Schweigen. Seinen Sohn hätte er sicher längst verprügelt, aber das ging mit Mija nicht. Nur schreien konnte er, ihr manchmal eine Ohrfeige geben: »Halt jetzt endlich den Mund! Wer nichts zu sagen hat, hat den Mund zu halten. Wer nichts weiß, hat auch den Mund zu halten. Was hat das bei uns denn mit Rumänien zu tun?« Ceaușescu sei ein Diktator, schrie er, einer, der sein Volk ausgespielt habe, Tudjman hingegen, den er selbst gewählt hatte, sei ein Retter, einer, der seinem Volk endlich den Traum vom eigenen Land erfüllen werde. »Und warum muss sein Volk dafür sterben, Tata? Wir sind doch eh nicht viele …« Wenn er ruhig war, sagte er ihr, der Lauf der Geschichte verlange immer das Leben der einfachen Menschen. Später frage keiner mehr nach den Toten, später schreibe man in den Geschichtsbüchern vom Neuanfang, vom Sieg – und das sei gut so. Wenn er nicht ruhig war, und das war in dieser Zeit meist der Fall, gab er ihr eine Ohrfeige für ihre dummen Fragen. Mit diesen Händen. Das waren keine Schläge. Eine Ohrfeige, das war nur ein Wortersatz. Wir haben demokratisch gewählt, schimpfte er dann. Als hätte er ihr die Ohren sauber gemacht, redete er nach so einer Ohrfeige leiser und ruhiger: »Wenn du demokratisch den Krieg wählst, dann bist du bereit, demokratisch zu sterben. Wir haben kein Recht auf unser Leben, verstehst du, Mijo, wir sind Teil einer höheren Sache!« Sie glaubte ihm nicht. Wenn er sie nicht gerade geohrfeigt hatte, entgegnete sie Sätze ihres Ethiklehrers, Gedanken von Philosophen, die sie in der Schule gehört hatte, Ideale vom Frieden. Er verfluchte sie mitsamt ihrer Schule und den Sätzen, die sie ihr dort in den Mund legten. Gehirnwäsche, sagt er. Reinste Gehirnwäsche. Das nennt man dann Schule. Schule, das seien Fakten, keine Einstellungen, Letztere müsse jeder selbst wählen, nicht die Schule einem eingeben. »Soll einer mal dein Deutschland angreifen!«, schrie er sie dann an. »Krieg ist Krieg. Und Krieg gehört zu uns Menschen wie

Ehe, Kirche und Gott.« Er hatte die Zeitung fortan immer in den Müll geschmissen, bevor Mija nach Hause kam. Damals, als die Panzer ausrollten, planten sie gerade wieder einmal, Berlin den Rücken zu kehren und zurück ins Dorf zu gehen. Er wusste nicht, ob es ohne die Panzer letztlich nicht an etwas anderem gescheitert wäre, doch noch bevor der Wunsch dieses Mal auf die Probe gestellt wurde, zogen die Panzer, Militärwagen und Soldaten schon die Front entlang des Dorfes, aus dem sie kamen. Sein Schwager, der inzwischen Fahrer beim Militär war, sagte eines Tages am Telefon, dass die leer stehenden Häuser im Hinterland in den nächsten Wochen von der kroatischen Armee besetzt werden würden. Gab es denn nicht genug andere Häuser, wollte Marko zunächst entgegnen, doch sein Schwager berichtete von Jugoschwaben, die ihnen Schlüssel freiwillig und im voraus aushändigten, ihre Häuser zur Verfügung stellten, mitunter Geld. Als Marko auflegte, setzte er sich grübelnd ins Wohnzimmer und verkündete schließlich, er würde diese Woche noch ins Dorf fahren und den Soldaten den Schlüssel zum Haus übergeben. Maja tobte vor Wut. Sie kannte ihren Bruder. Sie wusste, wie gut dieser wiederum den Stolz ihres Mannes kannte und wünschte sich, Marko nicht den Hörer überreicht zu haben. Maja glaubte nicht wie Marko an irgendeine Ordnung der Dinge, an den untergeordneten Wert der Menschenleben gegenüber irgendeiner Geschichte, wie sie später in den Geschichtsbüchern stand. Sie stellte sich vor ihm auf, verbat es sich, ihr Haus den Soldaten zu übergeben, worauf Marko sich verlor, er verlor seine Haltung, sein Gesicht und seinen Anstand. Mit einem Schlag war er der bessere Mensch, war nicht, wie seine Frau, nur auf den eigenen Nutzen aus,

nein, er würde etwas für sein Land tun, seinem Land helfen, ein Land zu werden, selbst wenn es ihn die Ehe, das Haus oder gar den Kopf kosten sollte. Er nabelte sich mit jedem weiteren Gedanken, mit jedem Wort, von seiner Familie ab und ging als einsamer Held ins Schlafzimmer, wo er die Schlüssel für das Haus im Dorf aus der Schublade holte und in seine Hosentasche steckte. Am nächsten Tag buchte er im Reisebüro einen Flug. Er wollte sich nicht auf seine Hände verlassen. Maja sollte ruhig nur an sich denken, sollte in der Küche dieses Restaurants eingeräuchert werden, er würde so lange ein Teil seines Landes werden. Teil seiner Geschichte. Teil von etwas. Er würde ihnen den Schlüssel persönlich überbringen, mit diesen Händen.
Mija saß unterdessen in ihrem Zimmer vor ihrem Tagebuch und schwor bei sich und diesem Tagebuch, keinen Vater mehr zu haben. Dieser Mann, der nun mit dem Hausschlüssel in den Händen ins Dorf rennen würde, war nicht ihr Vater. Er war nicht deshalb nicht mehr ihr Vater, weil er das Haus, das ihnen allen gehörte, einfach übergeben wollte, sondern weil es ihm gleich war, weil er nicht einen einzigen Gedanken daran verschwendete, wie viel Angst sie alle hatten, ihn auf dem Weg dorthin zu verlieren. Krieg war etwas, das sie nicht richtig verstand. Trotz aller Nachrichten und Diskussionen verstand sie nicht, was Krieg zu bedeuten hatte. Ihre beiden besten Freundinnen im Dorf schrieben ihr Briefe. Aus dem Krieg. Sie schrieb von Berlin aus zurück. Nicht aus dem Krieg. In beide Richtungen brauchten die Briefe drei bis vier Wochen, dann waren sie da. Vor dem Krieg brauchten die Briefe zwei Wochen. Krieg bedeutete also eine Verzögerung der Post. Aber keine Auflösung der Post. Wie kam dieser Postbote durch zum

Dorf? Zu ihren Freundinnen? Anders als vor dem Krieg? Was genau war denn anders als vor dem Krieg, und betraf es nur dieses Knin? Erst letzte Woche hatte Sanja ihr einen Brief geschickt, der sah nicht nach Krieg aus. Der sah ganz normal aus. Sogar besser als vor dem Krieg, weil er rotweißblaue Ränder hatte und *Airmail* darauf stand, es also ein richtiger Briefumschlag war. Dann, so dachte sie, war gerade dieser richtige Briefumschlag wohl Teil des Krieges, dieser Briefumschlag, den Sanja von einem Soldaten bekommen hatte, da war sich Mija sicher, denn vorher hatte Sanja ihre Kuverts aus Zeitschriftenseiten selbst gebastelt. In ihrem letzten Brief hatte Sanja ein Bild von sich auf ihrer Terrasse beigefügt. Auf dieser Terrasse hatten sie oft gespielt. Jetzt stand Sanja da und trug auf dieser Terrasse eine Soldatenmütze, Tarnhosen und eine Fliegersonnenbrille, eine mit Goldrand. Sie schrieb von dem jungen Soldaten, von dem sie die Sachen hatte, nie als Soldat. Er war neunzehn. Sie war zwölf. Oder dreizehn. Er musste das Bild von ihr gemacht und entwickelt haben, Sanja kam nie in die Stadt. Mija konnte an allem, was Sanja verschwieg, ablesen, wie sehr sie den Kerl mochte. Sie mochte ihn nicht anders als sie letztes Jahr noch Mijas Bruder gemocht hatte. Die einzigen Sätze in dem Brief, die es vor diesem Krieg so nicht gegeben hätte, waren die beiden letzten:

Wenn ich nachts die Augen zumache, weiß ich nicht, ob ich sie morgen noch öffnen werde. Manchmal möchte ich schlafen können, ohne die Augen zu schließen.
Küsse dich,
Sanja.

Dorthin würde nun ihr Vater gehen. Dorthin, wo man die Augen am nächsten Tag nicht mit Gewissheit öffnete. Oder sie gar nicht schließen wollte. Er würde das nicht verstehen, wenn sie es ihm sagte. Er konnte nur schreien, wenn man ihm sagte, was man dachte, wovor man sich fürchtete. Das Fürchten anderer, seiner Kinder gar, war etwas, wofür er keine leise Sprache hatte. Über manch anderes konnte er reden. Sogar lustig konnte er sein. Doch zuhören ging nicht, dachte sie, was man ihm über die eigenen Gefühle sagen wollte, musste er zurückschreien wie ein wildes Tier, dachte sie, schrieb es in ihr Tagebuch, direkt unter die Aufkündigung ihrer Tochterschaft, und blieb in ihrem Zimmer.

Marko war inzwischen zurückgekehrt. Nichts war ihm passiert. Doch etwas hatte ihn in Besitz genommen, und er kämpfte seinen Krieg plötzlich im Wohnzimmer seiner Berliner Wohnung. Es ging nur noch um das Haus im Dorf. Nur um das Haus. Wer es eigentlich gebaut hatte, wer das Geld dafür verdient hatte, wer nun wem den Besitz streitig machte. An diesen Abenden, noch bevor es sich die Soldaten zu eigen machten, es abnutzten bis zur Unkenntlichkeit, verloren Maja und Marko ihr Haus. Es würde nie wieder das Haus werden, in das sie zurückkehren wollten. Von jenem Moment an war es nur noch das Haus, das ihnen abhandengekommen war, mit jedem Tag mehr.
Mit seinen knapp sechzig Jahren wäre er nun gerne wieder in sein Dorf gegangen. In das Haus, das er gebaut hatte. Nicht in das Haus, in dem die Soldaten gehaust und gewütet hatten. Maja hätte nie gelten lassen, dass sie darin gewütet hätten. Für sie war sein Gehen Verrat. Für ihn wäre sein Bleiben Verrat gewesen. Natürlich wäre auch er jetzt

lieber zurück in die Zimmer, wie er sie hergerichtet hatte, würde sein deutsches Auto lieber in eine Garage stellen, in der nie Munition gelagert worden war. Er wollte das Leben, wie es nie gewesen war. Manchmal wünschte er, nie nach Deutschland gegangen zu sein. Dann hätte er vielleicht nur ein kleines Haus gehabt, aber es hätte nicht leer gestanden, dann hätten sie es nie besetzt, dann hätte er zwar den Krieg erlebt, aber was war schon der Krieg? Niemand, den er persönlich kannte, war in diesem Krieg gestorben. Den Kampf hätte er ausgehalten. Besser als das Hiersitzen und Metallschrauben. Manche hatten vom Krieg nun sogar eine Rente, die besser war als seine vom Metallschrauben. Und Parkplätze, an jeder Ecke hatten sie Invalidenparkplätze, dachte er und versank in sein Sofa. Dort erwartete ihn das Gestrige und längst Vergangene, er spürte, wie er sich festkrallen wollte daran und damit an eine längst vergangene Aussicht auf Morgen.

Er sank tiefer ein und dachte sich in das Leben zurück, das er hätte leben können, führen müssen. Ein armseliges Leben in beschämenden Verhältnissen, aber eben *sein Leben*. Das hier, dieser arbeitsunfähige Mann auf dem Sofa im Hochhaus eines asphaltierten, betonierten Wedding, das war nicht sein Leben. Wem es gehörte, wusste er nicht. Aber das war nicht er. Seine Finger krümmten sich unter diesen Gedanken. So jedenfalls hatte er sich das alles erklärt. Doch nun behauptete der Arzt, es sei alles nur Gicht, und hatte ihm diese Tabletten gegen Gicht verschrieben, die das Problem lösen sollten. Marko nahm sie schon lange ein und sah seinen Fingern beinahe mit Genugtuung beim Krümmen zu. Er wusste mehr über sich, als der Arzt und sein Blutlabor je herausfinden würden.

Maja, seine Frau, verbot ihm seine Reden. Genau genommen verbot sie ihm sogar seine Gedanken, doch zum Glück hatte Gott das Denken in niemandes Hände gelegt, schon gar nicht in Majas, dachte er. Seine Gedanken gehörten ihm. Nur ihm. Maja wollte nie denken. Maja wollte immer nur arbeiten. Geld verdienen. Vorankommen. Wenn er nachfragte, wohin genau sie eigentlich kommen wollte, dann hatte er den Mund zu halten, dann war er bereits negativ, und negativ war das Gegenteil von positiv, wie sie sagte. Heute ginge es nur noch darum, positiv zu sein. Er glaubte, sie hatte das irgendwo aufgeschnappt. Ein Wort wie positiv hätte sie vor zehn Jahren nicht einmal in den Mund genommen. Sie winkte ab, beharrte darauf, dass es schon immer so war, man habe es eben nur nicht positiv genannt. Ihr Vater, zum Beispiel, der habe sein Leben lang kein schlechtes Wort verloren. Nicht wie ich, hieß das, dachte Marko. Und ihr Vater sei einer der erfolgreichsten Männer im Dorf gewesen. Nicht wie ich und mein Vater, hieß das, dachte Marko wieder und wusste, vor zehn Jahren wäre er an dieser Stelle in die Luft gegangen. Sie duldete sein Gejammer einfach nicht mehr. Vor zwanzig Jahren hätte sie es noch geduldet, jetzt nicht mehr.
Maja war mit und nach den Wechseljahren zu einem Feldwebel mutiert. Er konnte nicht einmal behaupten, es gefiele ihm nicht. Es war nur nicht die Frau, die er geheiratet hatte. Aber vielleicht wäre es auch zu viel verlangt, dachte er, ein Leben lang neben der Frau aufzuwachen, die man geheiratet hatte. Die Frau, die er geheiratet hatte, war ein Wirbelwind. Und nun ein Feldwebel. Sie schlug ihm jeden Tag Reden über ihre Rechte um die Ohren. Ja, Maja, ihr habt Rechte, dachte er. Ohne Frage. Ihr legt mir jeden Tag Beton

in die Ohren mit euren Rechten, und seit ich nicht mehr arbeite, sind eure Rechte grenzenlos. Ich musste mir meine Rechte auf dem Bau erarbeiten, auf dem Bankkonto und auf dem Dach unseres Hauses im Dorf. Heute bleibt mir nur noch das Steuer, weil du Angst vor der Autobahn hast. Das Einzige, wovor du noch Angst hast. Und dort, wo diese deine Angst haust, darf ich mich einrichten und Rechte haben. Doch selbst da willst du dann, dass ich Pause mache, wie es dir und den Kindern beliebt, dass ich das Tempo drossle, wenn es dich stört, und dass ich auf das Gaspedal drücke, wenn du meinst, es sei angebracht. Was will denn so ein Krüppel auch selbst entscheiden? Habe ich damals je zu dir gesagt, damals, als ich für alles sorgte: Du hast keine Rechte? Habe ich dir vorgeschrieben, wie du die Windeln zu wechseln hast und wann, wie du deine Suppe zu kochen hast? Wahrscheinlich.

Seit der Sache mit seinen Händen war Maja der Mann im Haus. Während er nichts weiter war als der, unter dem der Ledersessel ausleierte. Je länger er diesen Sessel besetzte, je länger die Federn unter seinem Sitzfleisch und dem schwarzen Leder ausleierten, desto mehr sah ihn seine Familie als Teil dieses Sessels. Er war sich sicher, dass die Kinder inzwischen nicht einmal mehr wahrnahmen, wann der Sessel leer stand und wann nicht. In der vergangenen Woche war eine Freundin von Maja mit ihrer zweijährigen Tochter zu Besuch gekommen, er war gerade in der Küche und schnitt sich Brotscheiben mit Speck zurecht. Die Nachrichten liefen. Die Kleine stolperte durch das Wohnzimmer. Als sie am Sessel stand, hielt sie sich an der Armlehne fest und schlug mit ihrer linken Faust gegen das Leder: »Makko! Makko! Makko!« Die Frauen lachten lauthals, strahlten sie an, als hätte sie soeben eine Lektion fürs Leben gelernt. Dabei bestätigten sie kopfnickend: »Ja, ja, Makko!«

Maja war die treibende Kraft zwischen ihnen. Vielleicht war sie es immer schon gewesen, schon vor den Händen, vielleicht war sie immer schon das, was er hätte sein müssen: die treibende Kraft, die entscheidet, was für eine Familie gut ist und wohin sie zu gehen hat. Er hingegen konnte das nicht. Er konnte immer nur mitgehen. Auch nach Deutschland. Es war Majas Wunsch gewesen. Es war ihr Traum von einem besseren Leben, einem Haus für die Familie und Geld. Es war, als hätte er damals, als er ihren Wünschen nachgab, alle Zügel aus den Händen gegeben, aus diesen verdammten Händen, die schon mit fünf stark genug waren, zu arbeiten, es mit richtigen Männern aufzunehmen, doch diese Frau konnten sie nicht bezwingen. Nur damals, als es um das Haus ging, hat er sie bezwungen. Und so das Haus verloren.

Er war ein zartes Kind gewesen. Im dalmatinischen Hinterland, der Zagora, unter diesen steinernen Häusern und Menschen, war das nur selten von Vorteil. Sein Vater, der, als Marko ein kleiner Junge war, mit einem Bein schon im Grab stand, nutzte die Zartheit seines Sohnes, um seinen lebensmüden Geist noch einmal an die Welt zu binden. Er saß an Sommerabenden oft mit seinem Sohn an der Feuerstelle im Hof, drehte Tabak oder ließ den Jungen drehen, rauchte genüsslich, ließ den Jungen manchmal daran ziehen und erzählte ihm dabei Geschichten, die er verloren geglaubt hatte. Marko erweckte diese Geschichten wieder zum Leben, weil er dasitzen konnte, ohne nur dazusitzen. Seine anderen Söhne waren hübsch, fleißig, sogar empfindsam, doch hatten sie das tumbe Tätigsein ihrer Mutter geerbt – oder es von ihr abgeschaut. Sie waren tätig bis zum Umfallen. Und wenn sie sich setzten, dann war dieses Setzen das Ende einer Tätigkeit, ihr letzter Atemzug sozusagen. Erschöpfung. Marko war anders. Wenn er dasaß, blickte er in die Welt, sah sie und hörte ihr zu. Ohne das wäre Josip längst gegangen, allein deshalb, weil es nicht mehr genügend Menschen gab in diesem Dorf, die sitzen konnten. Ohne zu essen. Ohne sich zu betrinken. Ohne Gift.

Der junge Marko hing zu sehr an seinem Vater, an diesem alten, müden Vater, dem der Geruch des Todes schon aus den Poren kroch. Der alte Mann wusste das und kam seinem Sohn nie zu nah. Sie saßen am Feuer und rauchten gemeinsam. Sie erzählten sich Geschichten und stellten Fragen, auf die es keine Antworten gab. Nur solche. Denn Marko liebte es, wenn sein Vater ins Weite blickte, um die Antwort auf eine Frage zu finden. Die Zeit, die er brauchte, um in der Ferne das zu finden, was die Antwort verbarg, nutzte Marko, um den Platz in sich zu finden, in dem er diese Antwort aufbewahren würde. Bis heute hat er keinen der Sätze, die sein Vater an diesen Abenden von sich gegeben hatte, vergessen. Noch heute, wenn er rauchte, zog er auch an dem Tabak, den sein Vater damals für ihn eingerollt hatte. Oder er für ihn.

Markos Mutter gönnte ihrem sterbenden Mann diese Nähe nicht. Sie war zwölf Jahre jünger als er, nahm ihm sein Alter übel, nahm ihm übel, dass er sie im Stich lassen würde, mit jedem Tag mehr, nicht gut genug für sie gesorgt hatte, nicht zu Lebzeiten und nicht für die Zeit nach seinem Tod, er hatte sie immer schon gezwungen, ihren Mann zu stehen, sie wollte eine Frau sein dürfen, doch sie hatte nicht den passenden Mann dafür. Sie sah dem Tag, an dem diese fünf Jungenmäuler an ihr hängen bleiben würden, beunruhigt entgegen. Um sich von dieser Unruhe abzulenken, legte sie einen männlichen Ehrgeiz an den Tag, setzte sich nur ein Ziel: es besser zu machen als ihr Mann. Was im Grunde kein Kunststück war. Josips Familienführung hatte die Familie tief in Schulden verstrickt. Jahrelang waren weder Grundsteuer auf den Hof noch die Tiere bezahlt worden, weil der Polizist, der sie eintrieb, ein alter Freund von Josip war. Da saßen sie lieber auf Schemeln, rauchten Tabak und tranken selbst gebrannten Schnaps. Keiner der beiden hatte den Tag bedacht, an dem kein Freund vor der Tür stehen und die Geldsumme angewachsen sein würde bis zur Unbezahlbarkeit. Seit sie den Hof führte, sie der Mann im Haus war, zahlte sie die Schulden regelmäßig ab. Die wichtigsten Entscheidungen besprach sie nicht mehr mit ihrem Mann, sondern mit ihrem ältesten Sohn. Die Lage besserte sich langsam. Doch nicht schnell genug für einen Schuldenberg wie diesen.

So wie Josip an seinem jüngsten Kind hing, so hing sie an ihrem ältesten Sohn, ihrem Erstgeborenen, Erstgeliebten. Sie hatte ihr Ziel genau vor Augen, mit Hilfe der Söhne, mit deren Arbeitskraft würde sie erreichen, was sie wollte. Doch dann kam der Winter.

Dieser Winter ließ nicht auf sich warten, ungebeten und gleichgültig gegen alles legte er sich über das Dorf und blieb. Kam zu früh und ging zu spät, hieß es. Keine Ernte der Welt hätte sie über diesen Winter gebracht. Wenn einer im Haus jammerte, schlug sie mit dem Gehstock auf ihn ein. Die Kuh gab noch Milch. Milch und Polenta machten satt, was übrig war, wurde getauscht oder zu Käse verarbeitet. Abends, wenn die Familie spärlich gegessen hatte, fing das Fragen an: Wie er sich das hatte erlauben können, wie er mit offenen Augen die Familie in dieses Elend hatte führen können. Er schwieg. Die Frage war keine Frage, weshalb er sich unter ihr krümmte und den ganzen Winter über in seinem Bett liegen blieb, um nicht mehr Essen zu brauchen als nötig. Er erzählte auch keine Geschichten mehr, um nicht mehr Essen zu brauchen. Wenn es möglich gewesen wäre, hätte er auch das Atmen sein lassen. Manchmal, wenn er ans Geschichtenerzählen dachte, bat er Marko etwas in dem Zimmer von einer Ecke in die andere zu tragen.

Der Polizist schlug schon seit ein paar Minuten gegen die Tür. Niemand machte Anstalten, ihm zu öffnen. Er kam nun schon zum dritten Mal. Markos Mutter saß an der Feuerstellte, legte ihre rechte Hand auf den Rücken und jammerte. Marko versteckte sich in eine dunkle Ecke des Zimmers. Dann stand seine Mutter gebrochen an der Tür, den Kopf gesenkt, öffnete sie. Er hörte in seiner Ecke, wie sie ihn anflehte, im Sommer wiederzukommen, sie hätten im Sommer doch so viel zurückbezahlt, er müsse ihnen vertrauen, sie könnten jetzt nicht zahlen, sie hätten nichts, er solle sich nur umsehen, die Kälte, die Ernte reiche nicht einmal für diesen Winter. Außerdem habe sie Schmerzen, hier, im unteren Rücken, sie könne kaum aufrecht stehen, ihr Mann sei so gut wie tot, er solle ihn sich ansehen, wie er daliege, er sei seit Wochen nicht aus dem Bett gekommen, außer zum Pinkeln, nicht einmal das, jammerte sie, nicht einmal das immer. Im Sommer, im Sommer, winselte sie. Der Polizist sah sich im Raum um.

»Wie viele Jungen hast du denn, Alte?«
»Fünf.«
»Nicht übel. Fünf Söhne, und keiner von ihnen kann dir die Steuern zahlen. Eine Schande.«
»Fünf Söhne, die noch ernährt werden müssen«, wandte sie ein.
»Immer diese Klagelieder von euch Klageweibern. Wenn ich jedem Klageweib nachgebe, kann der Staat einpacken. Ihr kriecht noch aus dem allerletzten Loch mit euren kaputten Rücken, aber wenn's ums Zahlen geht, kriegt ihr die Hände nicht aus den Hosentaschen … Eine Schande … Wozu habt ihr denn eure Kinder?«
»Von Gott haben wir unsere Kinder, von Gott!«
»Habe ich gefragt von wem ihr sie habt? Womit ernährst du deine Söhne?«
»Polenta.«
»Doch wohl nicht mit trockener Polenta? Speck wirst du kaum haben, womit also?«
»Milch«, antwortete Marko, der noch in der Ecke im Dunkeln stand und dem Ton des Mannes entnommen hatte, ihm Folge leisten zu müssen.
»Milch also. Und wer gibt euch die Milch, Kleiner?«
»Milica.«
Milica.
Der Mann ging aus dem Steinhaus zum Stall, band die Kuh los und machte sich mit ihr auf den Weg aus dem Dorf. Markos Mutter lief ihm nach, flehte, winselte, erniedrigte sich, so tief sie konnte, in der Hoffnung, die Überlegenheit würde in dem Mann einen Funken Größe zum Leben erwecken. Josip lag schweigend da. Marko saß auf seinem Bett. Sein ältester Bruder hockte zusammengekauert an der

Feuerstelle, weinte. Marko ließ den Gehstock fallen und rannte die Hauptstraße entlang. Schnee durchnässte ihm die zerfledderten Schuhe. Seine Mutter kniete vor der Kuh und dem Polizeibeamten auf dem Boden, unter den Knien die fünf Lagen dunkelblauer, grauer und weißer Röcke, die sie jeden Tag trug. Ihre dünnen Waden. Die weißen Fesseln. Marko blieb stehen. Seine Mutter wimmerte leise, der Stille der Winternacht wegen. Der Nachbarn wegen. Der Mann warf das Seil, an das Milica gebunden war, angewidert zu Boden. Er sagte nur *stoko*, Vieh. Eigentlich spuckte er das Wort. Und ging.

Marko wartete einen Moment, bis keine Schritte mehr zu hören waren. Er rannte zu Milica, hob das Seil vom Boden, schlug es der Kuh auf den Hintern, bis sie sich umdrehte, und brachte sie in den Stall. Auf dem Weg zurück hielt seine Mutter den Rosenkranz, den sie immer in der Schürze trug, in ihrer geballten rechten Faust. Sie küsste die Faust, dann das Kreuz, das an ihr herabhing, trat hart und aufrecht ins Wohnzimmer, schubste ihren Ältesten von der Feuerstelle weg, als sie ihn weinen sah.

Am nächsten Morgen suchte sie im Dorf Arbeit für die Söhne. Jakov, den Zweitgeborenen, gab sie ins Nachbardorf. Er sollte bis auf weiteres bei einer wohlhabenden Familie wohnen und arbeiten. Nur für ein paar Monate, versprach sie ihm, als er ging, ohne eine Spur des Trostes in der Stimme. Der Mann würde sicher nicht noch einmal mit sich reden lassen, erklärte sie ihm, schneidend im Ton fügte sie hinzu, die Zeiten, in denen man auf Schnäpse und Tabak bauen konnte, seien vorbei, die Menschen nicht mehr verführbar. Markos Bruder kam nicht einmal, wie anfangs versprochen, an den Wochenenden nach Hause. Es gab keine

Wochenenden. Die Fahrten kosteten Geld. Es gab nur Tage. Marko fragte eines Tages seine Mutter, weshalb sie lieber Jakov als Milica weggegeben habe. Von Menschen wird man nicht satt, antwortete sie. Und ohrfeigte ihn.

Er wusste wirklich nicht mehr, ob das damals alles schwer für ihn war oder nicht. Er glaubte zu spüren, wie stark er damals war, wie jung, also konnte es nicht so schwer gewesen sein, dachte er. Er war sich nicht sicher. Er erzählte es sich nur gerne so, dass er eben stark war. Dass er erst an Majas Seite, durch ihre Stärke, so schwach geworden war. Oder hatte er sich in sie verliebt, weil er damals schon wusste, wie schwach er eigentlich war? Schwache retten sich in die Obhut von Starken. Und dann bekämpfen sie sie. Zumindest war das bei ihm so.

IVO

Berlin, 24. Januar 2013. Zagreb

»Der Schlüssel zum Gefängnis auf Erden liegt auf dem Rücken von Pferden«, reimt Jesus, als er sein letztes Stück Fleisch vom Teller nimmt.

»Der Schlüssel zum Arsch-geh-weih liegt heute im Seelen-schreiii-h.«

»Der Schlüssel zum Seelenschrei liegt besser im Arschgeweih.«

»Könnte ihr bitte aufhören damit, bitte!«

Mia fasst sich an den Kopf, Jesus und Ivo sehen sie schief an.

»Wir sind Ausländer, wir arbeiten an unseren Sprachkenntnissen.«

»Vielleicht solltet ihr sie unter diesen Umständen lieber nicht verbessern.«

»Sieh sie dir an, die kanadische Dame weiß mal wieder, was gut für uns ist und was nicht.«

Ivo ist spontan mit einem Billigflieger nach Berlin geflogen, nachdem seine Mutter ihm von Mias Überraschungsbesuch aus Kanada erzählt hat. Ivo, der Skater. Ivo, der Straßenjunge. Ivo, Zoras einziger Sohn. Mias eigentlicher Bruder.

»Ich halt das nicht aus mit euch, echt nicht!«

Ivo setzt seine Daumen an die Schläfen, wie Hörner, spreizt die Finger weit auseinander und reißt die Augen auf.
»Und so: A-r-s-c-h-gee-weiii-h?«
»Ivo, wann fliegst du zurück?«
»Schon gut, schon gut, ich hör ja auf.«
»Ich muss jetzt sowieso los ...«
»Was hast du denn zu tun, Spanier, dass du losmusst? Du hast doch noch nie was zu tun gehabt ...«
Ivo lacht ihn aus. Jesus ignoriert ihn, sucht Mias Blick.
»Sehen wir uns abends, in meiner Kneipe?«
Mia nickt. Ivo sieht die beiden an:
»Darf ich jetzt auch nicken?«
»Wer hat dich denn gefragt, Kleiner ...«
»Niemand, deshalb frag *ich* ja ...«
»Bis heute Abend, ihr beiden.«
Bis zum Abend, das heißt noch eine ganze Weile. Zeit, die Mia mit Ivo verbringen könnte. Doch der junge Mann, der da neben ihr sitzt, ist ihr unheimlich. Unheimlich schön auch. Sie hat nie darüber nachgedacht, früher, als er der Straßenjunge war, der ewig kleine Skater, der sich, im Gegensatz zu ihren Brüdern, lieber durch Geschicklichkeit als durch Prügeleien in den Vordergrund drängte. Auch heute noch umgibt ihn diese Aura des bewusst Außenstehenden, er hat das, was die einen von den anderen unterscheidet, was die einen ins Zentrum der Aufmerksamkeit rückt und die anderen in die Unsichtbarkeit. Ivo gehört nicht zu den unsichtbaren Außenstehenden, schon damals nicht. Heute wird Mia klar, dass er dafür einfach zu schön war. Sie starrt ihn an, starrt weg. Ivo starrt sie an, starrt weg. Ausmessungen. Dazwischen die Scham über die eigene Entdeckungslust.

»Hast du schon immer so ausgesehen?«, fragt er schließlich.
Sie lacht. Er fühlt sich ausgelacht.
»Was?«
Sie lacht wieder, scheint nicht aufhören zu wollen dieses Mal.
»Was denn? Was ist?«
Wie er die Augenbrauen so fragend hochzieht, wirkt lächerlich lässig.
»Komm jetzt!«
Sie schlägt ihm auf die Schulter.
Er steht lässig vom Stuhl auf. Sie schüttelt den Kopf.
»Hast du das einstudiert?«
»Was?«
»Na, dieses Johnny-Depp-Gehabe.«
»Pass bloß auf, ich halt was von dem Mann.«
»Ist klar. Ist vollkommen klar.«
Er läuft neben ihr wie ein braun gebrannter Johnny Depp, etwas zu klein vielleicht, aber wer weiß schon, wie groß Johnny Depp wirklich ist.
»Meine Alte sagt, ich seh aus als wär ich der Sohn vom Spanier.«
»Blödsinn.«
Mia schüttelt lange den Kopf, fast verärgert.
»Sie machen das immer. Immer suchen sie den erstbesten Ausseh-Verwandten für dich. Du siehst niemals aus wie der Spanier. Nirgends … Du.«
»Ist schon gut, Mia, ich hab's kapiert. Meiner Alten glaub ich doch eh nichts.«
Sie verlassen das Restaurant.

»Ivo! Ivo! *Ne idi daleko!*«, rief Zora ihrem Sohn nach, als er auf dem Skateboard die Straße hinabrollte. Kaum war er aus ihrem Sichtfeld, beschleunigte er. »Gas geben«, dachte er, »gib richtig Gas jetzt!« Sein rechter Fuß trat gegen den Asphalt. Schnell. Schneller. An der Weinbergsteige bog er rechts ab, und schon kurz darauf stand er auf dem kleinen Platz vor dem Friedhof, auf dem Jan schon seit einer Viertelstunde über die Rampe skatete.
»Auf, mach schon, Alter!«
Ivo stand da, verkrampft locker. Jan hat das mit der Rampe richtig raus, dachte er. Er selbst hatte es schon auch raus, konnte aber nicht so verlässlich darauf bauen wie Jan, der gerade an ihm vorbeirollte und ihm die Baseballkappe tief ins Gesicht zog. Ivo schob sie wieder hoch.
»Jetzt mach schon!«
Ivo rollte an, steuerte auf die Rampe zu, musste aber letztlich einen Bogen um sie machen, weil er sich im Anlauf verschätzt hatte. »Scheiße, Mann!« Jan sagte nichts. Er führte Ivo lieber vor, was genau ihm eben nicht gelungen war. Einmal. Und noch einmal. Dabei tat er so, als gäbe es nur ihn und die Rampe und sonst nichts auf der Welt. In Wirklichkeit sprang er besser als vorhin, noch bevor Ivo da war, weil es nun ihn und die Rampe und Ivo gab. Neid war ein gutes Gefühl, wenn ein anderer es hatte. Ivo sah Jan noch einmal zu, ließ den lähmenden Neid von Ehrgeiz auffressen und stellte sich auf. Dieses Mal stimmte alles: der Anlauf, die Rampe, der Sprung. Jan strahlte ihn an. Ivo nervte dieses Strahlen. Es sagte nämlich: Gut gemacht. Aber eben auch nicht so gut, dass du mir Schiss machst. Ivo konzentrierte sich, rollte zum Bordstein, fixierte die Rampe, wartete, bis zwei Fußgänger an ihm vorbeigelaufen

waren, trat mit dem rechten Fuß heftig gegen den Boden, beschleunigte mit der Vorwärtsgewandtheit eines Verfolgten und rollte über die Rampe wie einer, dem alles egal war. »Jetzt noch einmal!«, dachte er, »noch einmal.« Zwischendrin jagte Jan über die Rampe, sichtlich unentspannter als eben noch. Ivo machte sich am Bordstein für den nächsten Sprung fertig. Diesmal würde er nicht so springen, als wäre es ihm egal. Diesmal wäre es ihm wirklich egal. »Einfach mal keine Scheißangst zeigen.« Er schloss die Augen und sah sich, wie er über die Rampe sprang, ohne an etwas zu denken. »Ich muss im Kopf eine Millisekunde voraus sein«, dachte er, »ich muss eine Millisekunde schneller sein als in echt, und dann alles genau so machen wie im Kopf.« Er schloss die Augen, stellte sich die Linie vor, entlang derer er auf die Rampe zufahren würde, stellte sich vor, wie er beschleunigen müsste, um aufzusetzen. Dann los. Er rollte schnell an. Sehr schnell. Und kam sich dabei vor wie in Zeitlupe. In Gedanken war er eine Millisekunde schneller. Er sah sich springen. Er sprang. Er flog hoch. Weit. Er setzte auf. Gut auf. Er ließ auslaufen, als ginge es ihn nichts an.

»Respekt, Alter!«

Jan nickte und schlug Ivo mit der Faust gegen den rechten Oberarm, als er wieder an die Rampe gerollt kam.

»Klar!«

Ivo zuckte mit den Schultern, machte sich auf den Weg nach Hause. So einen Sprung riskiert man nicht.

»Kommst du morgen wieder?«

»Vier. Wie immer.«

Jan sah ihm nach. Ivo blickte nicht zurück, das tat er nie, doch spürte er Jans Blick in seinem Rücken. Jan war ein oder zwei Jahre älter als Ivo, groß, ziemlich kräftig für sein

Alter und aschblond. In das graue Blond hatte er sich ein paar platinblonde Strähnen ziehen lassen. Ivo fand gefärbte Haare bei Männern peinlich. Aber zu Jan passten die blonden Strähnen. Seine blasse Haut leuchtete anders unter dem Hell, vor allem, wenn die Sonne schien. Seine Eltern mussten Geld haben, aber abgesehen von teuren Skater-Klamotten war ihm das nicht anzumerken. Er benahm sich nicht wie ein Schnösel, sprach nicht wie ein Schnösel und war auch nicht überbehütet wie ein Schnösel, dachte Ivo immer wieder. Im Sommer teilten sie sich den Rampenplatz mit vielen anderen Skatern. Manche von ihnen waren ganz gut, vielleicht sogar besser als Ivo, doch Jan und er fuhren trotzdem immer nur gegeneinander. Freundschaftlich gegeneinander. So ein »Du-holst-das-Beste-aus-mir-raus-Gegeneinander«. Jan war neben Ivo der Einzige, der auch im Winter jeden Tag an die Rampe kam. An manchen Tagen, wenn zu viel Schnee gefallen war, niemand gestreut und geschippt hatte und der Platz zu vereist war, liefen sie mit den Brettern unterm Arm die ganze Stunde lang um den Block, die sie sonst an der Rampe waren. Einmal gingen sie auf den Friedhof. »Ist richtig übel hier«, hat Ivo nach nur ein paar Minuten gesagt, »Richtig übel, Alter.« Unlässig lässig. Jan hatte sofort gespürt, wie ernst es ihm mit diesem Satz war, und sie waren stattdessen um den Block gelaufen. Die beiden sprachen nicht über Sachen, sie zeigten auf Sachen. »Hier, sieh mal!« Manchmal nicht einmal mehr das. Manchmal genügte der Zeigefinger, die Skateboardspitze. Einfach hingucken, bis sie das Gefühl hatten, es blieb nichts mehr zum Gucken. Ivo war ziemlich klein für sein Alter, dunkelhaarig und hatte dieses auffallend schöne Gesicht. Jan hatte schnell bemerkt, wie alle, die neu an den

Platz kamen und Ivo kennenlernten, erst einmal lange in sein Gesicht starren mussten. Richtig starren, sie vergaßen sogar zu blinzeln. Für Jan war das neu. Er war auffällig, die Mädchen mochten ihn, und wenn er irgendwo auftauchte, konnte er sich sicher sein, dass man ihn bemerkte, schon deshalb, weil er meistens der Größte war. Auch neben Ivo. Doch wenn er mit Ivo vor Leuten stand, musste er zusehen, wie ihre Blicke lange erst einmal Ivo gehörten, als müssten sie, bevor es weiterging, erst dieses Gesicht verstehen. Diese vielen Brauntöne. Jan beobachtete in diesen Sekunden sowohl Ivo als auch die Menschen, die versuchten, mit seinem Gesicht fertig zu werden. Nach ein paar Sekunden war alles wieder normal. Als hätten sie es akzeptiert. Als wäre nichts. Das Schöne musste aus irgendeinem Grund beiseitegeschoben werden, weit weg, um weitermachen zu können wie immer. Jan konnte nicht erkennen, ob Ivo klar war, wie sein Gesicht auf Menschen wirkte. Er machte in solchen Momenten einen eher misstrauischen Eindruck. Vielleicht ließen die Leute auch deshalb schnell wieder ab.

Sie passieren die Stelle, an der Ida Siekmann 1961 in den Westen sprang, setzen sich ins *Kauf dich glücklich* in der Oderberger. Dort bestellen sie Waffeln und Vanilleeis mit Sahne, Ivo lässt sich Smarties dazugeben.

»Wegen solcher Läden bin ich schließlich nach Zagreb«, sagt Ivo, als er sich in ein ausgesessenes Sofa hockt.

»Und da?«

»Sind die Läden mir nachgekommen. Genau die gleichen Sessel, genau die gleichen Waffeln und genau die gleichen bescheuerten Namen für ihre Cafés. Und weiß du, was das

Schlimmste ist: die gleichen bescheuerten Leute gleich dazu.«
Er zündet eine Kippe an.
»Früher hatten die Sachen unten keinen Namen, es gab einfach, was es gab, nichts da mit Namen und Label. Dann hieß es eine Zeit lang unten *tete kuhaju* oder *didov san*, also *Tanten kochen* oder *Großvaters Traum*.«
»Ich versteh schon, danke.«
»Da stand zumindest noch drauf, was drin war. Nach dem Krieg hieß jeder zweite Laden Café Genscher oder Café Europa. Heute hat keiner mehr Tanten oder Großväter, die er noch kennt, auf Politik hat auch keiner mehr Bock, also heißen die Läden jetzt *Kauf dich glücklich*, und keiner weiß mehr, was drin ist in dem ganzen Scheiß.«
»Ach komm, die Politik ist doch größer denn je. Krise hier, Krise da, wer redet nicht drüber?«
»Ja. Zwangsläufig. Ist aber genauso scheiße. Das ganze Gerede um eine gerechte Gesellschaft, nur weil den Franzosen einer vor zweihundert Jahren mal ins Gehirn gefickt hat. Gerechte Gesellschaft und freies Individuum, so ein Schwachsinn. Was macht das freie Individuum, wenn es frei ist: Es kümmert sich um die gerechte Gesellschaft.«
»Ivo, darf ich auch mal …«
»Ja, gleich … Ich meine nur, ich hab das Zeug gelesen früher, die Amis, die schreien wenig Staat, viel Freiheit. Ich fand das Scheiße, ich war ein Sozialistenkind, da gab es viel Staat und viel Freiheit, auch wenn es heute heißt, das sei Nostalgie, es gab mehr Freiheit. Aber dann wieder: Wem soll man den ganzen Scheiß eigentlich glauben? Weißt du, wem du glauben sollst?«
»Nicht wirklich … Ich …«

»Ist doch alles so. Viel Staat heißt eben nicht viel Freiheit. Viel Staat heißt, dass du dich als Demokrat für einen Haufen Zeugs interessieren musst. Ich könnte Tag und Nacht am Computer sitzen und Petitionen unterschreiben, klingt alles richtig, was da bei mir im Account landet, nur, wann soll ich mein Leben leben, wenn diese Scheißwelt mich so braucht?«

»Ich dachte immer, das teilt sich auf oder …«

»Teilt sich auf … Ich hab mich da rausgezogen. In Jugo ging nichts mehr, die zermalmen dich von allen Seiten, da ist nichts … Ich hab Natalia im Yoga kennengelernt. Ich mach jetzt Yoga. Morgens, mittags, abends. Dazwischen meditieren. Ich will ein bewussterer Mensch werden. Da ist genug zu tun. Und es geht dabei um mich.«

»Hab ich schon gehört, das mit dem Yoga. Das fing doch früher an, hast du nicht damals schon Yoga gemacht?«

»Doch, aber da war das nur Gymnastik. Hund rauf, Hund runter. Heute hab ich 'nen Guru. Der kümmert sich um meine Seele. Innere Reinigung. Essen. Das spielt alles eine Rolle. Da hast du keine negativen Energien, wenn du dich an das alles hältst: Kadaver aus dem Essen schmeißen, mit dem Atem die Seelen reinigen, und schon hast du den Weltfrieden.«

»Und Natalia macht das mit?«

»Was heißt, sie macht das mit? Wir haben uns bei dem Guru kennengelernt.«

Er verstand keinen Spaß. Yoga war wohl eine ernste Angelegenheit, Yoga war religiös wie die Sonntagsmesse in der Kirche, nur zu jeder Zeit.

»Weiß du eigentlich, wie oft ich nach dem Skaten hier rübergelaufen bin?«

»Ich kann es mir denken.«
»Ich wollte dich immer mal mitnehmen. Eigentlich wollte ich dich immer mal mitnehmen«, sagt er leise, als würde er laut denken und vergessen, dass sie ihn hört.

Ivo spazierte mit Brett unterm Arm Richtung Mauerpark. Oderberger. Eines Tages würde er Jan mitnehmen. Aber noch nicht. Er ging an seinen Platz, von dem aus er in den Osten sehen konnte. Den hatte er als Junge gefunden, bevor er nach Kroatien zurückgegangen war. Damals schon wollte er wissen, wer drüben war. Er hatte ein Fernglas im Rucksack, ein billiges, altes Ding, das er im Sommer zuvor auf dem Flohmarkt mitgenommen hatte. Im Grunde sah er mit bloßem Auge besser als mit dem Fernglas, aber es half ihm, sich zu konzentrieren. Er bewegte seine vor Kälte tauben Zehen, sah an sich hinab und beobachtete, wie sich die Spitzen der Turnschuhe wölbten. Die Oderberger. Es war längst zu dunkel, um wirklich etwas zu erkennen. Im Winter war nach fünf längst Nacht. »Drüben ist auch Winter«, dachte er, ein dummer Gedanke, doch er spürte sein Erstaunen darüber, auch drüben Kälte zu sehen. Im Grunde war es ihm lieber, nachts zu gucken, weshalb er Winter mochte, im Winter wurde es früher dunkel, und nachts konnte man besser spannen. Er blieb nie viel länger als fünf Minuten. Heute war nicht viel zu erkennen. Er fragte sich, ob die Jungs drüben auch Skateboard fuhren. Ob es jemanden wie Jan gab dort. Jemanden wie ihn. Dann ging er ins Restaurant. Morgen wieder Seifenkisten bauen auf dem Aktivspielplatz, sagte er zu sich selbst. Mija wollte mitkommen morgen, erinnerte er sich. Mija. Sie war die Einzige in der Familie, die er je mitnehmen wollte zum

Nach-drüben-Gucken. Mija konnte auch ziemlich gut gucken. Ihre Brüder kamen dafür nicht infrage. Ihre Brüder waren ganz anders als er. Ganz anders als sie. Mija war eher seine Schwester als die ihrer Brüder, das dachte er oft. Sagte es ihr aber nie. Sie wusste das auch so. Mija wusste viel.

Zurück im Restaurant gab er Mija zur Begrüßung einen Klaps auf den Hinterkopf. Sie stand hinter der Theke, er nahm sie in den Würgegriff und rubbelte über ihren Kopf.

»Volldepp, du tust mir weh!«

Sie schubste ihn weg.

»Ivo! *Jeli dosta!*«, schritt Zora gleich ein. Ivo hielt die Handflächen vor die Brust wie ein Unschuldiger.

»Was denn? *Pa i ti …!*«

»… ja, sie passt aber auf, dass es nicht wehtut, Mann!«

Mija versetzte ihm einen Schlag und rieb sich dann übertrieben die Stelle am Kopf, die ihr wehtat.

»Volldepp, echt!«

Ivos Blick war unterdessen auf Jesus gefallen. Er saß am Tisch, der für das Personal gedacht war, an dem Zoras Freundinnen saßen, wenn sie zu Besucht kamen. Er baute sich vor Jesus auf.

»Sie sind der neue Freund von Mija? Der Spanier?«

»Der Spanier. Ja.«

Jesus lehnte sich gelassen zurück.

»Mija sagt, sie sind so 'n Schlauer. Zigtausend Bücher zu Hause und so.«

»Ich lese gerne, ja.«

Ivo musterte ihn genau, setzte sich gegenüber auf den Stuhl, übertrieben breitbeinig.

»Warum laufen Sie dann nicht rum wie einer, der gerne liest?«
»Ivo!«
»Schon gut, Mijo. Das macht nichts, wirklich. Was stimmt, das darf man laut sagen. Wer bist du eigentlich?«
Ivo blickte irritiert, sogar seine Handflächen auf dem Tisch öffneten sich fragend.
»Danke Mijo, danke!«
Ivos inszenierte Lässigkeit wurde nun von dem realen Gefühl der eigenen Bedeutungslosigkeit verschlungen. Sie hatte kein Wort über ihn verloren, seinen Namen nicht fallen lassen, nichts erzählt. Er war Luft.
»Weißt du, ich lasse sie meistens nicht zu Wort kommen, das musst du nicht persönlich nehmen!«
»Nee, gar nichts muss ich persönlich nehmen.«
Jesus streckt ihm die Hand über den Tisch hin.
»Jesus.«
»Ivo. Der Sohn im Haus.«
»Freut mich, Sohn im Haus.«
Jesus lächelte.
»Wo warst du denn bis jetzt?«, fragte Zora im Vorbeigehen.
»Skaten.«
»Mit diesem komischen Jungen wieder?«
»Der ist nicht komisch.«
»Nischt komisch. Der Junge sagt nischts. Nie!«
»Du hast echt keine Ahnung!«
»Willst du so mit deiner Mutter reden?«
»Wenn ich nicht so mit ihr reden wollte, würd ich doch anders mit ihr reden, oder?«
»Nicht zwingend.«

»Mit meiner Mutter können Sie nicht auf die feine Art reden. Da kommen Sie nicht zu Wort. Was hat die jetzt gegen den Typ, mit dem ich skate? Die hat was gegen jeden, der links oder rechts von mir läuft, so ist das, seit ich klein war. Was kann man gegen einen haben, der kein Wort rauskriegt, das versteh ich einfach nicht.«
»Na, dass er kein Wort rauskriegt vielleicht?«, fiel Mija ihm ins Wort.
»Lächerlich.«
Er rutschte unruhig auf dem Stuhl hin und her.
»Woher kommen Sie denn aus Spanien?«
»Danke, Mijo, vielen Dank!«, wiederholte Jesus Ivos Sätze.
»Nicht schlecht, Sie! … Woher kommen Sie also?«
»Madrid.«
»Hauptstadt, nicht?«
»Ja. Eindeutig.«
»Ihr Deutsch ist gut. Ist sogar besser als das von meiner Alten.«
»Es ist aus Büchern. Ein Bücherdeutsch. Dafür ist es nicht so organisch. Ihre Mutter spricht ihr eigenes Deutsch. Ein Zora-Deutsch. Unverkennbar.«
»Sie sind so der Gentleman-Typ, ja?« Ivo schüttelte den Kopf.
»Miese Nummer. Mein Vater mochte solche Typen nicht. So was fand der richtig assi.«
»So was?«
»Na, so einen auf Gentleman machen halt.«
»Ich bin kein Gentleman. Aber eine gewisse Grundhöflichkeit halte ich für angebracht.«
Ivo winkte ab.

»Zu geil. Eine gewisse Grundhöflichkeit … Sie sprechen wie im Mittelalter, Mann, ich schwör's Ihnen. Sie sprechen richtig gut, aber saualt irgendwie.«
Sie lachten.
»Außerdem waren Sie grad' gar nicht höflich. Ehrlich nicht. Wenn Sie laut sagen, meine Mutter spricht ihr eigenes Deutsch, dann ist das vielleicht wahr, aber bestimmt nicht höflich. Das sag ich Ihnen jetzt so unter vier Augen wegen guten Benehmens.«
»Da magst du recht haben. Aber einer mit Mittelalterdeutsch darf sich das vielleicht erlauben.«
»Was meinen Sie, warum ich Ihnen das nicht übel nehme. Wenn einer, der richtig Deutsch kann, so was über meine Mutter sagen würde, wär das was anderes.«
Mija stellte Ivo eine Cola auf den Tisch und schlich sich davon wie eine Bardame. Sie wollte die beiden reden lassen. Ihnen zusehen. Sie stand gerne hinter der Theke und sah zu. Hörte zu.
»Mit diesem Gesicht könnest du auch Spanier sein, Ivo.«
»Ja, sagen viele. Ist auch gut so. Spanier kommen ganz gut an hier. Ich war nie der, zu dem alle sagen: ›Schau mal, der Jugo.‹ Ist gut so. Jugos sind nicht gut gelitten hier im Wedding. Sind eher so die Prügeldeppen vom Dienst. Liegt an den harten Visagen, viele Jugos haben Visagen wie zehn Mal poliert.«
»Stört dich das nicht?«
»Nee, seh ja nicht aus wie einer! Außerdem ist Mija hier die Ausländerministerin. Das ist ihr Ding, immer schon. Mir ist das egal. Ich glaube, wenn du's hier packst, packst du's überall, und wenn nicht, dann nirgends. Ich glaube das alles nicht: Keiner lässt dich, keiner will dich … Da heulen

die Leute rum, statt was zu tun. Was die alles tun könnten in der Zeit, in der die so rumheulen.«
»Klingt einfach. Sehr einfach.«
»Ist auch einfach. Man muss sich nicht alles so schwer machen. Hat Sie je einer hier schlecht behandelt? Also mich nicht.«
»Ich hatte in all den Jahren mit kaum jemandem zu tun.«
»Na also, sag ich doch.«
»Ich weiß nicht, ob das unter ›nicht schlecht behandeln‹ läuft.«
»Wie meinen Sie das? Sie meinen doch was? Sie meinen, wenn keiner was von Ihnen wissen will, dann ist das wie jemanden schlecht behandeln?«
»Das könnte der Gedanke sein, den ich hatte, ja.«
»Denken Sie das jetzt nur, weil man es denken kann, oder weil es für Sie so ist?«
»Ich denke es, weil es für manche so sein könnte.«
»Aber für Sie nicht?«
»Nicht unbedingt. Ich mag meine Ruhe.«
»Aber manche mögen Ihre Ruhe nicht, wollen Sie sagen?«
»Möglich.«
»Nicht schlecht, dein neuer Freund, Mija, der ist wie 'ne Runde Jeopardy.«
Sie nickte und zuckte entschuldigend mit den Schultern. Ivo stützte die Ellbogen auf den Tisch und beugte sich zu Jesus vor.
»Sie lesen doch so viel. Darf ich Sie was fragen?«
»Was du möchtest.«
»Lesen Sie auch was von den Leuten da drüben?«
»Da drüben?«
»Na, hinter der Mauer. Wissen Sie was über die? Wissen

Sie, was die machen? Ich mein, lesen Sie Deutsch? Bücherdeutsch haben Sie vorhin gesagt, also lesen Sie auch Deutsch?«

Jesus nickte. Er drehte sich eine Zigarette, Ivo würde Zeit brauchen für seine Frage.

»Haben Sie mal ein Buch von jemand von da drüben gelesen? Ich find das ja krass, dass die da nebenan leben. Hier, um die Ecke. Ich frag mich, was da abgeht, was die so denken, wenn sie von drüben hierhergucken. Haben Sie schon rübergeguckt? Wahnsinn. Einfach Wahnsinn.«

»Ist es wirklich anders als hier?«

»Klar, Mann, die haben 'ne Mauer vor der Schnauze!«

»Und du?«

Ivo grinste.

»Sie sind ein ganz schöner Dummschwätzer, das wissen Sie, oder? Die Sache ist die: Ich dreh mich um und das war's dann mit der Mauer, die drehen sich um und haben immer noch die Mauer vor der Schnauze.«

»Ich hab ein paar Bücher, ich könnte sie dir leihen.«

Ivo schüttelte den Kopf.

»Danke. Ich les nicht.«

»Aber du kannst doch lesen, oder nicht?«

»Klar kann ich lesen.«

Ivo war fast gekränkt.

»Wer kann denn nicht lesen? Sogar meine Mutter kann lesen. Ich lese Straßenschilder und Postkarten, aber kein Buch. Da muss man viel mehr können als Buchstaben lesen. Da muss man was wissen. Sachen, die da drin stehen, die man aber nicht lesen kann. Mich nervt das zu Tode, dass die was sagen wollen, was die nicht reinschreiben. Erzählen Sie mir einfach, was Sie da für Bücher haben. Wo

Sie die herhaben. Wer bringt die hier rüber? Oder erzählen Sie mir einfach, was da drin steht, die Bücher sind mir scheißegal.«
»Ich könnte dir nächstes Mal eins mitbringen?«
»Mijo, dein Typ hier kapiert nix!«
Jesus zündete sich die Zigarette an und nahm den ersten Zug.
»Ich bringe dir eins mit. Oder du kommst mit Mija einmal mit zu mir. Dann zeig ich dir eins.«
Zora setzte sich zu den beiden an den Tisch.
»Seht mal: Die zwei da hinten! Denen hab ich schon die Ehe gerettet!«
»Ach was?« Ivo verdrehte die Augen.
»Wirklich. Er trinkt.«
»Sie erzählt immer dieses Zeug. Und es stimmt nicht, es stimmt einfach nicht. Glauben Sie ihr kein Wort!«
Zora schnalzte abfällig mit der Zunge und redete unbeeindruckt weiter. Jesus hörte ihr zu. Ivo stand auf und zog sich die Jacke an.
»Kommst du vorbei?«, fragte ihn Jesus, als er sich verabschiedete.
»Mal sehen. Hab viel zu tun.«
»Was hast du denn zu tun?«, spottete Zora. »Häng die Wäsche auf, wenn du oben bist, dann hast du was zu tun!«

»Ja, ich wollte dich immer mitnehmen, als ich zu diesen Plattformen ging«, sagt er, und verliert sich im Zigarettenrauch.
»Warum hast du nie was gesagt?«
»Keine Ahnung.«
»Verstehe.«

»Ja. Ich auch.«
»Weiß du, ich bin gegangen, weil ich es gehasst habe. Ich hab es so gehasst.«
»Hm.«
»Den Döner an der Ecke. Und das Parteibüro gegenüber. Die kamen nie zu uns. Nicht ein Mal.«
»Welches Parteibüro?«
»Gegenüber. Gegenüber von uns hatten diese roten Idioten ihr rotes Parteibüro. Aber gefressen haben sie nur edel. Oder Döner. Weil's Türken gab mit deutschem Pass. Wählerfang. Meine Mutter hat das beste Essen, die größten Teller und die sauberste Küche im ganzen Viertel gehabt, und kein Schwanz kam. Nur die Assis. Die ganzen Assis kamen zu ihr und haben sie vollgeschwallt den ganzen Tag.«
»Wir hatten schon auch nette Gäste. Und deine Mutter war wie … Sie war der Chef im Haus, ganz klar.«
»Ja, wenn der Chef im Haus das Mädchen für alles ist, dann war sie Chef im Haus. Wie sie ins Restaurant kamen, diese Assis, und das Fleisch vom Teller fraßen, ohne Manieren. Und sie konnten einfach nicht den Mund halten beim Essen, sie mussten ihren ganzen Scheiß bei meiner Mutter abladen.«
Mia begreift plötzlich, dass Vegetarismus nicht immer eine Entscheidung war.
»Mein Vater hat das anders gemacht. Solange er lebte, war das ganz anders. Die Gäste hatten Distanz. Respekt. Keiner kam für Stunden und saß vor einem Billigteller, bis meine Mutter ihnen auch noch ein ›Geht's Ihnen nischt gut?‹ servierte. Mein Vater wäre ausgerastet, wenn ihm einer mit seiner Es-geht-mir-nicht-gut-Geschichte gekommen wäre. ›Wem geht's gut heutzutage?‹ hätte er geschrien.«

Mitleid gäbe es nicht zu kaufen, fauchte sein Vater, das sei ein Restaurant. Zora gab neben ihm die eingeschüchterte Ehefrau, eine ihrer Lieblingslügen, die sie zur Eingeschüchterten machte. Seit seinem Tod hörte sie sich jedoch alle Geschichten an. Für jeden Fleischberg, den sie servierte, bekam sie zwanzig Mark und eine Geschichte. Wenn sie nachts mit ihren Fleischberggeschichten nach Hause kam, musste sie diese Geschichten wieder loswerden. Und wo landeten sie? In Ivos Ohren natürlich. Er hatte seither gelernt, so auf Durchzug zu schalten, das ließ sich mit dem Wort Durchzug überhaupt nicht mehr wiedergeben. Was sollte er denn mit den ganzen Geschichten? Mit den Leuten? Und alle waren sie unglücklich.

»Wo sind denn die glücklichen Leute geblieben?«, schrie er sie manchmal an. »Kommt von denen keiner in deinen Laden?«

»Ich glaube, die wohnen nicht hier«, antwortete Zora trocken, und Ivo verließ die Wohnung. Musste es nicht irgendwo auch glückliche Leute geben? Er zertrat einen Schneeblock, der am Bordstein lag. Es war erst sieben Uhr. Und längst Nacht. Draußen war niemand mehr. Die meisten Läden hatten schon zu. Er lief die Brunnenstraße auf und ab. Vom Humboldthain zur Bernauer und zurück. Das Skateboard noch unterm Arm. Er hatte seiner Mutter versprochen, nicht bei Dunkelheit zu fahren. Er wusste nicht, warum er sich gerade an dieses Versprechen hielt. Sie würde erst um elf nach Hause kommen. Mit diesen Fleischberggeschichten. Und wenn nicht mit den Fleischberggeschichten, dann mit jenen von gestern. Manchmal übernachtete er bei seinem Onkel. Nicht seinem echten Onkel, einer dieser zugewiesenen Onkel. Jure. Ivo spielte bis in die Nacht Karten mit ihm. Selbst so etwas wie sein eigenes Zimmer hatte er bei Jure, weil seine Frau und Tochter die meiste Zeit in Zadar lebten. Ivo war sein Einsamkeitssohn. Ohne seine Einsamkeit wäre dieser Sohn nie geboren worden, das wussten alle, es schmälerte jedoch nichts. Im Gegenteil. Einsamkeit ist schwer zu stillen. Er überlegte einen kurzen Moment, ob er zu Jure gehen sollte. Dann fiel ihm ein, wie schlecht es Jure ging. Es gab keinen Platz mehr in ihm für Leute, denen es schlecht ging. Das tat ihm leid. Aber mehr Platz machte das auch nicht.

Vor einem Jahr noch hätte er um diese Zeit Essen für seinen Vater warm gemacht. Zora stellte jede Nacht auf dem Herd das Essen für den nächsten Tag bereit. Ivo musste es nur aufwärmen, Nudeln in der Suppe aufkochen oder den Backofen andrehen. Der Tumor hatte seinem Vater das Gehirn zerfressen. Der Tumor war walnussgroß und saß hinter der rechten Schläfe, so hatte es der Hausarzt formuliert, nebenher Daumen und Zeigefinger zu einer ovalen Form gefasst. Man könne so etwas behandeln, hieß es. Sechs Monate später war sein Vater tot. So ein Tumor fraß schnell. Und die Behandlung fraß gleicht mit. Ivo wollte, sobald die Diagnose feststand, nach Deutschland kommen. Er musste jetzt bei seinem Vater sein. Zora stellte sich mit aller Macht dagegen, rief stundenlang bei Ivo und der Großmutter in Split an, um ihm einzureden, es würde schon alles gut werden, er solle bleiben, wo er sei und lernen. Seine Ausbildung beenden. Sie verstand einfach nicht, was er jetzt zu lernen hatte. Er war sich nicht sicher, ob es gut werden würde. Er hatte, ganz im Gegensatz zu ihr, kein gutes Gefühl. Aber sein Gefühl fand kein Gehör bei ihr.

»Ich hab kein gutes Gefühl, Mama!«, sagte er immer wieder.
»Ich möchte bei euch sein!«
»Du sollst die Schule machen!«
»Ich hab kein gutes Gefühl, Mama!«
Das konnte hundert Mal hin und her gehen. Wie das Ticken einer Uhr. Sein Satz kam nie bei ihr an. Sie hörte nur:
»Ich will nicht mehr in die Schule, Mama!«
Dabei sagte er:
»Ich will meinen Vater nicht allein sterben lassen. Ich will nicht alleine sein, wenn er stirbt.«
Mit sechs, als er eingeschult werden musste, war er mit Zora zur Großmutter nach Split gezogen. Er sollte nicht in Deutschland auf die Schule gehen. Doch wollten seine Eltern ihn auch nicht alleine unten lassen. Als es so weit war, lief das Restaurant gerade gut, es kam nicht infrage, es abzugeben, gerade jetzt. Also ging Zora mit ihm nach Split. Sie schickten sich Briefe. Manchmal ein Telegramm mit nur zwei, drei Worten. Wenn sie zur Post gingen, um den Vater in Deutschland anzurufen, durfte Ivo am Ende des Gesprächs noch zwei Sätze hören.
»Hörst du gut auf deine Mutter? Benimm dich, Kleiner, benimm dich, hast du gehört?«
Das war es. Vielleicht noch:
»Pass auf dich auf!« – *»Cuvaj se!« »Hocu.«*
Dann gab er seiner Mutter den Hörer zurück, in die rechte Hand, während die linke mit seinem Kopf auf Augenhöhe war. Diese Telefonstimme und die drei Sätze saßen ihm bis heute im Ohr. Er konnte sie noch hören. Manchmal im Traum.
»Bald gehen wir zurück«, hieß es immer.

»Du sollst in Kroatien zur Schule. Ihr geht vor, zu Oma. Bald sind wir alle wieder zusammen.«

Wie hätte er das nicht glauben sollen, wenn selbst Zora daran glaubte. Viele Jahre lang. Sie legte ihm nachts ihre Hoffnungen mit ins Bett, wenn sie ihm Gutenachtgeschichten erzählte. In jeder kam ein Vater zurück zu seinem Kind, zurück zur Mutter, und die Familie ging gemeinsam auf eine große Reise ans Ende der Welt. Er fühlte sich zu alt für Gutenachtgeschichten, dann wieder fragte seine Angst nicht nach seinem Alter, sie setzte sich nachts, wenn er einschlafen wollte, einfach an sein Bett und ließ ihn schwitzen. Zora wusste das und gab ihm nachts Geschichten wie kleine Schutzschilder. Bis sie eines Tages selbst Angst bekam.

Aus der Frau, die nachmittags sorglos mit ihrem Sohn im Park stand, wurde ein Mütterchen, das nicht schlafen konnte. In der Nachbarschaft setzte sogleich das Gerede darüber ein, weshalb gerade sie, die das beste Leben führte und keinen Finger krümmen musste, am schnellsten alterte. Sie schnitt sich die langen dunklen Haare ab und zog keine Kleider mehr an. Sie erzählte Ivo am Bett keine Geschichten mehr von einem heimkehrenden Vater. Eines nachts, vielleicht hatte sie zu lange schon keine Geschichten mehr erzählt, schlich sich die dunkle Angst, ihre Ehe könnte zerbrechen, hinterrücks an sie heran; während Zora schlief, kletterte sie über ihren leicht geöffneten Mund in ihren Rachen hinab, breitete sich in ihren Lungen aus wie eine schwarze Ölschicht. Zora wachte auf, rang laut nach Luft, hustete, rannte ins Bad, spuckte. Ivo weinte vor der geschlossenen Badezimmertür. Die Großmutter rannte mit dem Rosenkranz zwischen den gefalteten Händen durch die Wohnung, fluchte und betete abwechselnd. Bis Zora schließlich aus dem Bad kam, ihren Sohn, sich und sieben Sachen ins Auto packte und nach Berlin fuhr. Als sie in der darauffolgenden Nacht im Restauranteingang vor dem Vater standen, gaben sie ein Bild ab wie die Bettler, die sonst nach einer Mark fragten.

»Wo sind deine Haare? Was hast du für Hosen an?«, schrie Ivos Vater. Er kam auf die beiden zugelaufen und versetzte ihnen eine Ohrfeige, weil er mit Überraschungen nicht gerechnet hatte. Dann küsste er ihnen liebevoll das Gesicht und schickte die beiden hoch in die Wohnung, schloss das Restaurant, parkte das Auto und trug die Sachen in die Wohnung.

Ivo konnte noch Deutsch von den ersten sechs Jahren hier. Aber nicht mehr fehlerfrei. In der Hauptschule holte er jedoch so schnell auf, dass er bald schon auf die Realschule durfte. Es gefiel ihm nicht in Berlin. Kein Meer, wenig Sonne, zu wenig *Picigin*. Seine Eltern arbeiteten den ganzen Tag, selbst abends war er meistens alleine, es sei denn, er saß mit ihnen im Restaurant. Nach der Realschule wollte er wieder zurück zu seiner Großmutter nach Split. Eine Ausbildung machen. Was er tat.

»Berlin ist mir zu assi«, sagte er immer.

»Zu schmutzig, zu dreckig, zu fertig.«

Kaum hatte er unten eine Lehrstelle gefunden, kam der Anruf mit dem Ding im Kopf seines Vaters. Sie sagten nie Tumor. Erst nach seinem Tod. Davor war es das Ding. Oder der Untermieter. Ivo kam umgehend nach Berlin zurück. Das trug ihm Zoras Ärger ein, aber er wäre nicht ihr Sohn, wenn dieser Ärger seine Entscheidung beeinträchtigt hätte. Er musste jetzt bei seinem Vater sein. Zora verfluchte ihn gleich nach seiner Ankunft, schickte ihn zuerst zum Teufel und von der Hölle aus nach Kroatien, was in diesem Moment für Ivo so ziemlich dasselbe war. Er blieb. Selbst als der Vater fluchte, blieb er. »Ich brauche keinen Schatten, ich brauche keinen gottverdammten Schatten auf Schritt und Tritt«, schrie sein Vater ihn an, aber Ivo blieb, wo er war. Weil er ihn brauchte. Sehr bald schon auch auf Schritt und Tritt. Doch Ivo blieb vor allem deshalb, weil er zu jener Zeit nichts mehr wünschte, als dieser Schatten zu sein. Doch, ein Sohn wäre er gern gewesen. Aber mit einem Sohn konnte sein Vater damals nichts anfangen. Also blieb er sein Schatten. Ein Schatten, der ihm den Kopf hielt, während er schlief und stöhnte. Ein Schatten, der ihm die Hand in den Nacken legte, wenn er weinend mit dem Kopf gegen die weiße Wand schlug. Er sei doch noch ein junger Mann, sagte er dann unter Tränen. So jung. Andere stürben lange vor ihm, sagte er, aber er sei trotzdem zu jung.

»Das heißt wohl nur, zu wenig Leben gehabt«, dachte Ivo. »Hat man je genug?«

An manchen Tagen konnte sein Vater nicht oft genug sagen, wie wenig er eine Frau wie Ivos Mutter verdient hatte. Das konnte Ivo schlecht hören, schlechter als alles, was im Herzen seines Vater so vor sich ging; denn mit jedem Mal, da es um Zora ging, wurde ihm klarer, was sein Vater damit sagen wollte. Er musste an die Nacht zurückdenken, in der seine Mutter Hals über Kopf ihn und sieben Sachen ins Auto gepackt hatte. Wie sie sich mit dem Unterarm die Tränen aus dem Gesicht gewischt hatte am Steuer. Er wollte das nicht hören. Er wollte ein Schatten sein. Diese Sätze hingegen machten ihn zum Sohn. Zu Zoras Sohn. Doch er wollte bei seinem Vater sein. Mein Vater. Er hatte nie darüber nachgedacht, was so ein Vater in einem Leben zu tun hat für einen. Für Ivo war ein Vater ein Mann, der eben da ist, der hier und da unbegründet, aber nicht ohne Anlass schreit, ansonsten im Restaurant arbeitet oder Ware kauft. Seit der Nachricht von dem Ding, das sich in das Gehirn seines Vaters fraß, türmten sich plötzlich Vaterträume in ihm. Ein Vater. Er spürte, seinem Vater war nur als Schatten nahezukommen. Sein Vater kannte kein Gegenüber. Er musste einfach hinter ihm stehen, wollte er ihm nahe sein, er durfte nicht von seiner Seite weichen, ganz gleich, wie es ihm dort ging.

Schließlich kam der Moment, dem alle aus dem Weg gehen wollten, indem sie das Ding nie beim Namen nannten: Der Kranke musste entscheiden, wie er gehen würde. Dieser Moment dauerte bei seinem Vater tagelang. Er schwieg. Starrte. Schwieg. Bewegte sich nicht. Man hängte ihn an den Tropf, weil er nicht mehr aß. Er hing am Tropf und reagierte auf niemanden. Sein Schatten saß im Krankenhaus neben ihm. Mit demselben Schattengesicht wie sein Vater. Ivo erwartete seinen Vater jeden Moment zurück von dort, wohin er gegangen war. Doch es dauerte Tage. Ivo war ein verlorener Schatten während dieser Tage. Das blieb so, bis sein Vater wiederkam und herausgefunden hatte, wie.

»Wer will eigentlich mit dem Tod Hand in Hand aus dem Leben spazieren?«, war der erste Satz, den er zu Ivo sagte.

»Besser als gar nicht spazieren«, hatte Ivo geantwortet.

»Wo hab ich nur diesen klugen Sohn her? Das kann nicht von mir kommen!«

»Bestimmt nicht von dir!«

Und ihre Blicke hielten sich fest.

»Wann darf ich wieder nach Hause?«

»Mama redet gerade mit dem Arzt. Ich weiß nicht, wie sie es machen.«
»Aber ich werde wieder nach Hause gehen?«
»Ich weiß nicht. Du isst ja nichts.«
»Wenn die sowieso wissen, dass ich gehen muss, dann ess ich lieber, was meine Frau kocht und sterb zu Hause!«
»Tata!«
»Ja, der bin ich!«
Dort, wo er die letzten Tage war, haben sie ihn verändert, dachte Ivo.
»Stell dir vor, ich wäre an einem Herzinfarkt gestorben. Kannst du dir das vorstellen? Es macht Zack, und weg bist du. Dann schlagen sie dir aufs Herz und bügeln es, aber meistens bist du weg.«
»Stimmt nicht. Viele sind dann nicht weg.«
»Wenn sie nicht weg sind, sind sie Krüppel. Da geh ich lieber mit gesundem Herzen und Loch im Kopf.«
Er schwieg einen Moment.
»Deine Mutter …«
Nein!, dachte Ivo. Nicht meine Mutter jetzt.
»Deine Mutter. Du. Ich. Alles … Weg über Nacht … Und ich hätte nichts gelernt. Nicht eine Sache mehr. Und wäre trotzdem gestorben. Fragt dich ja keiner, ob du klug oder dumm stirbst, die nehmen alles da oben. Aber ihr, ihr hättet mit diesem dummen Mann, der nichts wusste, leben müssen. Bis zum Ende.«
Er weinte. Nicht wegen jetzt und hier. Sondern wegen gestern. Sein Körper wurde mit jedem Tag schwächer. Aber sein Geist blieb lange klar. Fast bis zum Ende. Ivo las ihm Sportartikel vor. Sie sahen sich Fußballspiele an, lösten Kreuzworträtsel, und an starken Tagen spielten sie Briš-

kule. Das Kartenspiel seiner Kindheit. Sein Vater war ein großer Spieler, Pokerface, wer hätte das gedacht. Allerdings wollte er nie mit Kindern spielen. Wenn ich Geduld für Kinder hätte, wäre ich Lehrer geworden, hatte er immer gesagt, und sich laut für diesen Mist beklatscht. Ivo war nie Gegner genug gewesen. Nun gewann er sogar manchmal. Schon bald nach Ausbruch der Krankheit wollte sein Vater nicht mehr ins Restaurant, um nicht gesehen zu werden. Er weinte nicht mehr, nachdem sie ihn aus dem Krankenhaus entlassen hatten. Ivo wusste nicht, wie es nachts war. Er schlief in einem anderen Zimmer. Nachts war Zora bei ihm. Zora arbeitete tagsüber im Restaurant, da war er der Schatten seines Vaters. Nachts durfte er sich schlafen legen. Zora weinte, wenn sie in die Wohnung kam. Ivo glaubte, es war schlimmer für sie, weil sie nicht die ganze Zeit da sein konnte, es war leichter, wenn man da war, für sie war das Heimkommen jeden Abend aufs Neue ein Schrecken, den sie tagsüber verdrängen musste. Ivo hingegen wohnte in diesem Schrecken, und so war er ihm inzwischen vertraut. Zora wünschte jede Nacht das Restaurant zum Teufel, gab ihm die Schuld an allem: all der Stress, all der Stress, all die Sorgen, immer nur Geld und die Sorgen, über all die Jahre. »Hunde kriegen auch Krebs«, sagte Ivos Vater und sprach es das erste und einzige Mal aus. Zora schien es nicht zu bemerken. »Auch Hunde sterben an Stress«, sagte sie, »Hundeleben sind es, die wir leben.«
»Wir sind kleine Menschen!«, entgegnete er, »wir hätten bleiben sollen, wo wir waren. Weite Wege sind nichts für kleine Menschen.«
»Wir sind keine kleinen Menschen!«, hatte Ivo geschrien, aber sein Vater bat ihn, Zora nicht anzuschreien. Warum

sie kleine Menschen sein sollten? Sie waren voller Liebe füreinander. Gut, manchmal war es schlechte Liebe, viel öfter als schlechte war es beschissene Liebe. Nein, sie liebten einander nicht gut. Aber sie liebten sich. Sie waren da. Miteinander. Warum sollten sie kleine Menschen sein, was war so viel kleiner an ihnen als an anderen?

»Tut mir leid mit deinem Vater … Das mit deinem Vater«, sagt Mia, nachdem er ihr von allem erzählt hat.
»Ist zu lange her. Muss dir nicht leidtun.«
»Es tut mir aber leid.«
»Ich hätte dich lieber mit auf die Plattform genommen, verstehst du?«
Ivo beißt sich auf die Unterlippe. Seine Nasenflügel zittern.
»Viel lieber!«, presst er leise hervor.
»Ja.«
Sie blickt auf den Boden.
»Und es tut mir trotzdem leid.«
Ivo atmet tief ein.
»Sag mir lieber, ob du mich mit zu deinem Spanier nimmst?«
»Klar nehme ich dich mit. Ist ja mehr dein Spanier als meiner inzwischen.«
»Es gibt so etwas wie ein Erstrecht mit Menschen, glaub ich.«
»Das glaub ich definitiv nicht.«

IZMEĐU DAZWISCHEN

Berlin, 27. Januar 2013

Wo sie beginnt und endet, ist in dieser Nacht so wenig auszumachen wie alles andere. Sie wälzt sich hin und her, setzt sich auf, läuft in den Flur, hört Zora, wie sie unter der Dusche summt, die Melodie reißt ihre Gedanken in ein Labyrinth, keine klare Linie, nirgends ein Anfang, kein Ende, denkt Mia, nur ein Lied, das, einmal angestimmt, seinen Einsatz vergisst und sein Ende nicht findet, den Tanzenden quält, bis ihm die Füße brennen; sie badet in Nachtschweiß, schläft ein, wacht auf, atmet schnell, atmet langsam, schwitzt, seufzt, sieht sich, als stünde sie neben sich. Hat sie das gesucht, diese Auslöschung? Alles dringt durch. Keine Haut. Keine Grenze. Erschöpfung. Sie schläft wieder ein. Im Schlaf Jesus. Er greift ihr zwischen die Beine, sie lässt den Kopf in den Nacken fallen. Er liebt sie. Sie schwebt in der Luft, die meterlangen Haare fallen auf den Boden, seine rechte Hand, wie die eines Exorzisten über ihr, seine linke Hand noch immer zwischen ihren Beinen. Er legt sich auf sie. Die Luft trägt.

Sie wischt sich das kalte Wasser aus dem Gesicht, blickt in den Spiegel und wartet, bis ihr verschwommenes Gesicht scharfgestellt ist. Im Spiegel: Mia. Mia, denkt sie. Mija Marković. Das Mädchen aus dem Wedding. Ihr Gesicht. Es ist dasselbe Gesicht heute, und doch: Wo ist das Gesicht von damals hin? Da sind dieselben großen Augen. Mia. Jetzt wie die einer Fremden. Mija. Dieselben Kieferknochen. Doch zu wem gehören diese Wangen? Sie hängen herunter, die Mundwinkel, die immer nach oben zeigten, sitzen jetzt waagrecht an ihren Lippen. Wer ist diese Frau, fragt sie sich, was hat diese Frau mit der zu tun, die sie zu sein meint? Diese erfolgreiche Fotografin, die sie nun angeblich ist? Sieht so eine erfolgreiche Frau aus? Wo ist all das, was ihr Gesicht einmal war? Wo versteckt sich die Unwissenheit? Sie beißt in die Knöchel ihres linken Zeigefingers und sieht sich in die Augen. Wie ist es zu diesem Gesicht gekommen? Ihre Stimme fragt in ihr, als müsse sie weinen, gleich, oder schon. Doch Mia hält nichts von Tränen, schon gar nicht im eigenen Gesicht. Sie denkt an Jesus, wie er ihr im Traum zwischen die Beine gegriffen hat. Und schüttelt den Kopf.

Zora sitzt im Bademantel in der Küche, das Handtuch über ihren biederen Haarschnitt gewickelt, was sie zehn Jahre jünger aussehen lässt. Sie blättert in einer Zeitschrift, als Mia zum Tisch geht und sie sich mit ungeschminkten Gesichtern gegenüber sitzen.

»So schön, deine Haut …«, sagt Mia und streicht Zora mit dem Handrücken über die Wange.

»Wie kann die nicht schön sein? Zwanzig Jahre Kamillencreme, kein Wasser und kein Schluck Alkohol.«

»Du nimmst deine Handcreme auch fürs Gesicht?«

»Stört es dich?«

»Nein … Ist nur …«

»Ist nicht so wichtig, was man da draufmacht, sondern was man hier reintut!« Zora zeigt auf ihren Mund.

»Keine gute Nacht, was?«
Mia schüttelt den Kopf.
»Vermisst du deinen Mann?«
Wieder schüttelt sie den Kopf.
»Meinen Freund.«
»Du bist eine Frau, also ist er dein Mann.«
Mia fährt ihr noch mal über die Wangen.
»Wie macht ihr das nur … Diese tristen Leben, diese Arbeitszeiten, die ganze Arbeit überhaupt … Und dann so eine Haut, so eine Ruhe um euch.«
»Wir haben nie nach etwas gefragt, Mia. Wir hatten nichts und haben genommen, was kam.«
»Das ist doch nicht wahr. Ihr seid hierhergekommen, habt alles zurückgelassen, habt ein Loch in euch und in alle um euch herum gerissen, weil es eben nicht so war; jedes Mal diese gespielte Bescheidenheit, dabei war es nicht genug. Hinten und vorne nicht. Sieh dich an, du bist an die siebzig und arbeitest immer noch.«
»Weil Arbeit alles war, was wir wollten. Es war alles, was wir nicht hatten. Arbeit, für die man Geld bekam. Die uns frei machte von unseren Eltern. Weg da, wir wollten alle nur weg aus diesem Elend, diesen Großfamilien, denen wir heute so nachweinen. Aber damals wollten wir nicht auch noch der allerletzten Schwester der Schwiegermutter das Holz nach Hause tragen, den Rücken auf den karstigen Bergen kaputtbeladen, um nachts still neben dem Mann einzuschlafen. Wir Frauen wollten es, wir wollten gehen, verstehst du, wir wollten all das, was wir heute haben, das uns doch nichts gibt, nie glücklich gemacht hat, aber es hat uns befreit davon, Dienerinnen zu sein. Allein dafür ertragen wir diese Leere, weil wir nicht geworden sind, was

sie aus uns machen wollten, weil wir unsere Töchter sehen, ich habe keine, aber du, Mijo, du warst wie eine Tochter, ich habe dich gesehen und ich sehe dich, wie du ein Mädchen warst, niemandem etwas schuldig, dein Weg in die Freiheit, ich habe dich so vermisst und doch so geliebt dafür. Und jetzt sitzt du vor mir mit diesem Gesicht, das jung ist, aber mit Augen, die älter dreinblicken als meine, weil ihr euch so viele Sorgen um das beste Leben für euch macht. Es gibt nicht das beste Leben, mit allem, was du richtig machst, machst du gleichzeitig auch etwas falsch. Und umgekehrt. Wenn es nicht so wäre, gäbe es längst nichts mehr. Deine Familie, sie haben so viel falsch gemacht, ja, du bist abgehauen, ja, es war gut für dich, vielleicht. Aber alles, was sie falsch gemacht haben, hat dir gezeigt, was du nicht willst. So ist das eben. Du spielst die verlorene Tochter, sprichst deine Familie drei Mal im Jahr. Du kommst hierher und lässt mich spüren, wie anders du geworden bist. Du bist anders geworden, Mijo. Die Frage ist doch, ob du die geworden bist, die du bist.«

»Denkst du das wirklich, das war euer Platz? Dieses letzte Glied in einer Kette von Dienern war euer Platz?«

»Nein, das denke ich nicht. Aber ich sehe, dass nichts Besseres nachgekommen ist, Mijo. Wir haben die Familien zerstört, diesen Zusammenhalt, wie du siehst, bin ich auch nicht, wie deine Eltern, nach Hause zurück; ich kann diesen Zusammenhalt nicht mehr ertragen, aber für jene, die ihn nicht verloren haben, ist es ein schöneres Alter, glaub mir.«

»Muss man das Leben denn immer von hinten denken?«

»Man sollte das Leben nie von hinten denken. Doch im Alter geht es nicht anders, meine Liebe.«

Sie gibt ihr einen Kuss auf den Kopf.
»Ich sehe meinen Sohn. Meine Gäste. Ihre Kinder. Ich weiß nicht, was gewonnen und was verloren ist. Keiner von uns Alten, wenn wir so dasitzen, ist frei von unseren großen Kriegen, dem Hunger, der Angst vor dem Hunger. Keiner. Wir haben uns erst vor zwanzig Jahren noch einen Krieg geschenkt, als wären die Erinnerungen an den alten zu schnell verblasst. Wenn ich an das alles denke, Mijo, an alles, vor dem wir weggerannt sind, dann kann es nur besser sein, was ihr heute habt … Woran auch immer ihr leidet, an der Oberfläche versteht man es nicht.«
»Ich leide nicht.«
»Aber dein Gesicht leidet. Eure Gesichter leiden. Ich sehe nicht den Stolz der Jugend in euren Körpern, ihr tragt die Frage im Gesicht, ob die jungen Jahre so, wie sie sind, gut genug für euch sind. Immer habt ihr etwas zu beanstanden, immer etwas zu wollen, das nicht da ist, dabei ist so vieles da. Bei uns war es so einfach: Wir wollten Geld für ein Haus, ein paar Kinder und ansonsten wollten wir Zeit für Liebe und Streit und unseren Frieden. Ihr habt alles und wollt trotzdem die Welt retten, dabei seht ihr nicht einmal in die eigenen Gesichter.«
»In der Bahn, diese Gesichter … Zora, diese Gesichter erträgst du nicht. Auf meiner Ausstellung in Kanada sagte eine junge Besucherin, sie ist nach der Wende aus Rumänien nach Berlin gekommen und dachte, hier ist das Leben, hier sind die Gesichter lebendig, die Menschen …«
»Es war nie besser, Mijo, vergiss diese Menschen, die von gestern träumen …«
»Aber …«

»Kein Aber, Mijo, gestern … Das ist nicht wahr. Es gab damals hier und da mehr Geld, ja, mal mehr, mal weniger Geld und anders verteilt. Deshalb denken manche, es war besser. Geld war sichtbar. Vorher stand da ein kaputtes Haus, jetzt steht da ein neues Haus und schon denken alle, es war besser. Selbst im Krieg geht es darum, einmal hat der Geld, einmal jener, nach dem Krieg meistens ein anderer als vor dem Krieg.«

»Es kann nicht nur um Geld gehen, Zora.«

»Dann leb doch einen Tag ohne.«

Mia nickt.

»Ihr habt es nicht leicht, ihr Jungen. Wir wussten genau, was wir nicht hatten, und das wollten wir um jeden Preis haben. Selbst wenn wir dabei unglücklich und einsam wurden, so waren wir erfolgreich und stolz, weil wir endlich bekamen, was wir wollten, wofür wir gekämpft hatten. Ihr Jungen heute, ihr habt alles, was ihr wollt, könnt alles haben, aber der Luxus wäre, etwas ganz Bestimmtes haben zu wollen … Aber genau das könnt ihr nicht erkennen, das eine, für das ihr alles andere geben würdet. Und deshalb habt ihr nichts.«

Mia schüttelt den Kopf.

»Nein, Zora. Wenn es so ist, wie du sagst, dann sind wir so wie ihr. Und egal wie unglücklich und einsam uns das macht, wir wollen erfolgreich und stolz zeigen, was wir nicht haben wollen. Das, was ihr um jeden Preis wolltet, vielleicht.«

»Du kannst deine Fragen nicht zwischen dir und mir beantworten, Mijo. Und du kannst deine Spuren nicht auslöschen, indem du so tust, als wäre es möglich, von anderen Menschen geboren worden zu sein.«

»Ich habe das Recht und die Möglichkeit, mich neu zu erfinden.«

»Du hast das Recht, neue Wege zu gehen. Aber dich neu erfinden, kannst du nicht.«

»Doch, das kann ich. Und ich kann jene finden, zu denen ich passe. Die Deutschen nennen das Wahlverwandtschaft. So ein Wort habt ihr gar nicht, ihr habt nur Schicksal und o weh.«

»Ja, die Deutschen. Sie nennen es Wahlverwandtschaft und sind die einsamsten Familien der Welt.«

»Dafür haben sie Freunde.«

»Freunde kommen und gehen.«

»Familien kommen und gehen!«

»Da irrst du. Und wie!«

»Ich habe in Kanada …«

»Nein, hast du nicht. Du hast neue Menschen kennengelernt, aber warum bist du hier?«

»Weil mein Mann es so wollte.«

»Dann hast du jetzt also doch einen Mann?«

»Meinen Freund, meine ich.«

»Schon wieder irrst du dich, Mijo. Du würdest für niemanden hierherkommen. Schon gar nicht für einen Mann. Du nicht. Aber er hat es dir leicht gemacht. Er scheint dich zu lieben, dieser Mann. Vielleicht mehr als du ihn, hm?«

»Was ist das, Liebe, Zora, was ist das?«

»Ja, richtig, das wisst ihr auch nicht mehr, aber das liegt am freien Sex.«

»Was du nicht alles weißt mit deinen knapp siebzig Jahren.«

»Genug weiß ich, wirklich genug. Und wenn du mehr wissen willst, wirst du nach Kroatien müssen, Mijo. Ihr wart hier und doch nicht hier. Du müsstest auch zu ihnen fahren.«

Mia schweigt.

»Hast du Angst?«

Sie schüttelt den Kopf.

»Was ist dann?«

»Ich will mein altes Leben nicht wieder anziehen, verstehst du? Ich habe Kopfweh, wenn ich es mir nur vorstelle.«

»Ja, das verstehe ich. Aber es ist dann immerhin dein Kopfweh.«

Mia sieht vom Tisch auf.

»Ja, mein Kopfweh. Das wäre mal was.«

Sie lachen.

»Ihr habt doch drüben Tabletten gegen alles. Oder nicht? Warum habt ihr überhaupt Angst vor Schmerzen, wenn ihr gegen jeden Schmerz eine Tablette habt?«

»Weil keiner die Tabletten haben will. Wir wollen ohne das Zeug glücklich sein.«

»Solange ihr glücklich sein wollt, braucht ihr Tabletten.«

Mia lacht.

»Ja, und während ihr glücklich sein wollt, vergehen Jahre, in denen ihr haltlos unglücklich sein könntet … mutig … verloren … irgendwas. Stattdessen stolpert ihr wie Zweijährige durch die Welt, aus Angst, auch nur einen Schritt falsch zu setzen. Wir hatten Scheißleben als Leben. Voller Stolz standen wir da und wussten: Diese Scheiße gehört mir! Ihr hingegen habt eure Hoffnungen auf ein großes Leben. Und das kleine, das ihr habt, das euch nicht gut genug ist, das lebt ihr, als hätte es nichts mit euch zu tun … Ich sag immer, das liegt am Fernseher, am Computer und all dem

Glas, das euch umgibt. Ihr geht euch selbst nichts mehr an. Deshalb kann jeder mit euch machen, was er will.«

Mia schüttelt den Kopf.

»Es heißt doch immer, es geht uns nur um uns.«

»Ja, aber das ist falsch. Es geht nur so viel um euch, weil es nie wirklich um euch geht.«

»Wie?«

»So.«

»Ach, keine Ahnung, Zora, wirklich keine Ahnung. Vorhin … Als du geduscht hast … da habe ich … da habe ich gedacht, ich werde verrückt.«

»Das ist gut, das ist ein Anfang. Aber du wirst nicht verrückt, glaub mir, diesen Gefallen tut der da oben nicht jedem.«

»Es war …«

»Beschreib es nicht, es ist vorbei. Und wenn es nicht vorbei wäre, müsstest du es erst recht nicht beschreiben, sondern aushalten.«

»Meinst du, das haben wir auch hinter Glas gelassen?«

»Vielleicht.« Zora seufzt. »Weißt du, es gab eine Zeit, da hätten sich alle gewünscht, so ein Glas zu haben …«

»Was meinst du?«

»Hat deine Mutter dir je von ihrer Mutter erzählt?«

»Machst du Witze? Wann hat meine Mutter je was erzählt?«

»Ich weiß nicht, ob ich das darf … soll.«

»Was, Zora, was sollst du oder sollst du nicht?«

»Ob ich dir das erzählen darf.«

»Du darfst mir alles erzählen, was dir einfällt.«

»Das fällt mir nicht ein. So etwas fällt niemandem ein.«

»Ist Ivo gut in Zagreb angekommen?«

»Ja.«
»Meinst du, ich sollte das wissen?«
»Ja. Ich weiß nur nicht, ob du es von mir erfahren solltest.«
»Es spielt keine Rolle, wer es erzählt.«
»Nicht für dich. Aber vielleicht für deine Mutter.«
»Zora, ich glaub, ich muss schlafen.«
»Ja, geh endlich schlafen. Und werd verrückt, wenn es sein muss, werd verrückt. Danach weißt du, wie es ist, verrückt zu sein. Was man kennt, kann man nicht mehr fürchten.«
»Das stimmt einfach nicht, Zora, es gibt etwas, das nennt sich Angst vor der Angst, das haben Psychologen so genannt, sie bringen dir Techniken bei, wie du dich nicht mehr vor der Angst fürchten musst.«
»Mag sein … Nur stark wirst du nie, wenn du mit dem Kopf an deinen Gefühlen schraubst. Schon gar nicht mit dem Schraubenzieher eines anderen.«
Mia gibt ihr einen Kuss, schüttelt den Kopf und lächelt, als sie sich aufs Bett fallen lässt.

BABA ANA

Dalmatien. Berlin

Den Schemel, auf dem Ana saß, hatte ihr Mann gebaut. Sie hielt Mijas Hand fest, ihre Blicke fielen auf den rötlichen Boden. Der Rest der Familie war der Mittagshitze entflohen, saß im Haus.

»Was willst du denn von einem Leben wie meinem wissen, Kind?«

»Alles, Baba.«

»Nicht einmal ich weiß alles.«

»Aber mehr als ich.«

»Ich weiß nichts. Wer lebt, weiß nichts. Gott weiß.«

Sie streichelte Mijas Hand. Darin lag mehr für sie, als sie bei all ihren Töchtern gefunden hatte.

»Baba … Hast du Dida geliebt?«

»Er war ein guter Mann. Er hat nie die Hand gegen mich erhoben.«

»Wann hast du dich in ihn verliebt, sag!«

»Ich wollte ihn heiraten. Ich. Ich hätte ihn nicht heiraten müssen. Ich wollte das … Ich ganz allein … Er war vierzehn Jahre älter als ich.«

»Ja, das weiß ich.«

»Ich hatte es so gut mit ihm. Du kennst meinen Schwager nicht, Gott hab ihn selig … wie er schlug. Eine Frau wie ein Stück Holz, der machte da keine Unterschiede. Ich war klug, Mijo, immer schon. Ich musste nicht aus eigenen Fehlern lernen. Ich lernte aus den Fehlern der anderen. Du musst immer die Augen offen halten nach den Fehlern der anderen. Von meiner Schwester habe ich gelernt, einem Mann nicht zu widersprechen. Sie selbst hat es nie gelernt, nicht einmal am eigenen Leib war sie belehrbar. Sie hielt es für Stolz. Ich war stolz, wenn ich mit meinem Schweigen meinen Mann überlisten konnte. Keine von uns, weder ich noch meine Töchter, haben je einen Schlag abbekommen. Eher habe ich hier und da einen Klaps verteilt als er. Ich wollte nicht, dass eine Männerhand meine Töchter schlägt. Sie sind alle stark geworden so. Im Dorf erzählten sich alle, welches Glück ich mit so einem sanften Mann hatte. Keiner im Dorf sei sanfter als meiner, hieß es. Aber es war auch keine klüger als ich. Das behielten sie für sich. Gott, waren sie dumm, diese Frauen. Jeden Tag schimpften sie mit ihren Männern, mischten sich in ihre Arbeit ein, sagten ihnen, was sie zu tun hätten und was nicht. Ich habe nie etwas gesagt. Schon gar nicht, was er zu tun hat. Ich habe den Mund gehalten und gemacht. Männer sehen ohnehin nichts. Du kannst tun, was du willst, solange du nur schweigst. Als meine Schwester im Bett lag, durfte ich sie nicht besuchen. Die Fensterläden blieben zu, das Licht aus und niemand durfte sie sehen, als könnte die Dunkelheit es ungeschehen machen. Wir hatten solche Angst um sie. In dieser Woche schwor ich, nie einem Mann zu widersprechen, Mijo. Männer werden sanft, wenn man ihnen nicht widerspricht.«

»Welche Schwester, Baba, in welchem Bett?«

»Meine Schwester Iva … Hatte die ein Mundwerk. Nichts

im Kopf, alles auf der Zunge. Sie hat Tag und Nacht widersprochen. Schon als Kind war sie so. Und schon als Kind hat sie Schläge kassiert. Sie hat nie gelernt. Dann hat sie Ante geheiratet. Mein Gott, wie der geschlagen hat. Einmal hat er so auf sie eingeschlagen, dass ... Zwei Wochen lag sie im Bett und konnte nicht aufstehen. Seine Mutter wollte eingreifen, wollte ihr helfen, aber ...«

»Was aber?«

»Sie ist gestorben dabei. Er hat ihr mit solcher Wucht gegen den Kopf geschlagen, dass sie rückwärts umgefallen ist und auf der Stelle tot war.«

Baba starrte ins Leere und schüttelte ungläubig den Kopf.

»Sie ist nicht gestorben, Mama!«

Maja stand verärgert im Türrahmen, den rechten Arm auf die Hüfte gestützt. Anas letzte Sätze hatte sie mitgehört.

»Sie ist nicht gestorben, Mama!«

Ana erstarrte unter Majas Stimme. Dann hob sie den Blick vom Boden. Mijas Hand hielt sie noch kurz fest, um sie dann mit abweisender Geste loszulassen, als fühlte sie sich plötzlich gestört. Doch Mija fühlte sich ihr nach wie vor nah. Ana spaltete sich in eine Sichtbare und eine Fühlbare. Ihr Körper bäumte sich vor ihrer erwachsenen Tochter auf, während ihre Seele noch um Mija herumschlich, im Verborgenen.

»Mama, hör endlich auf, diese Geschichten zu erzählen! Mijo! Was soll das? Hab ich dir nicht tausendmal verboten, sie auszufragen! Frag sie nicht mehr aus, hab ich gesagt, sie hält diese Fragerei nicht aus!«

»Mija hat nicht gefragt!«

»Sie hat gefragt! Ich weiß, sie hat gefragt. Aber es ist vorbei! Alles, was war, ist vorbei!«

»Ja, es ist vorbei. Und davon, dass man es erzählt, wird kein Feld beackert!«, nickte Baba, stand auf und bückte sich, um zwei Äste vom Boden aufzulesen. Mija ging zum Feigenbaum und pflückte ein paar reife Feigen. Maja holte sofort eine Plastiktüte aus der Küche und reichte sie ihr.
»Ich wollte nur ein paar essen, frisch gepflückte.«
»Vielleicht willst du morgen auch noch welche essen?«
»Ich mag sie frisch gepflückt.«
»Sollen wir den Feigenbaum ins Wohnzimmer stellen? Da!«
Sie drückte Mija die Plastiktüte gegen den Bauch.
In Anas Erinnerung endeten viele Geschichten an dem dunklen Ort, an dem der Tod kam. Ihr Gedächtnis hatte Lücken, gaukelte ihr etwas vor. Menschen starben, die noch nicht gestorben waren. Niemand verstand, weshalb dieser ansonsten klaren Frau der Tod solche Streiche spielte. Gestern noch konnte sie Besuch von jemandem bekommen, den sie morgen für tot erklärte. Niemand nahm Ana diese Verwechslungen übel, ihre Kinder waren sich nicht einmal sicher, ob es in ihrem Alter einen großen Unterschied machte, ob man lebte oder tot war, weshalb sie ihre Verwechslungen mit Nachsicht zu behandeln versuchten. Trotz des guten Willens hielt es die Familie jedoch kaum aus, sich das alles anzuhören. Sie kamen aus der Stadt, aus Berlin, aus Split, sie kamen, ihrer Mutter eine Freude zu bereiten, ihr Gewissen zu beruhigen und auch, um eine Geschichte zu haben. Eine, die nicht erst heute begann. Sie kamen aus Ämtern, Hochhäusern, Firmen. Sie kamen aus begradigten Linien in die Natur. Sie blickten nach vorn. Nicht ins Gestern oder Heute. Sie blickten nach vorn, auf ein Morgen, auf einen Kredit und eine größere Wohnung.

Oder in das Herz ihrer neuen Waschmaschine. Ana hingegen blickte zurück. Ins Gestern und auf alles, was nicht mehr war.
Sie machte die Suppe warm. Trotz der Hitze gab es Suppe. Jede gute Mahlzeit begann mit einer Suppe, das war ein eisernes Gesetz. Sie stand vor ihrem Herd und brach in einer roten Plastikschale die Suppennudeln klein. Dann schüttete sie die klein gebrochenen Nudeln ins kochende Suppenwasser, stellte das Feuer ab, setzte den Deckel auf und holte aus der grünen Vitrine Teller und Besteck, deckte den Tisch. Sie hörte, wie die anderen lachten, stritten, sich ins Wort fielen. Ihr Gehör war schlechter als früher. Töne erreichten sie nur dumpf. Ihre Hände hingegen waren präziser. Mit jedem Jahr etwas präziser. Je älter sie wurde, je müder, desto genauer wurden ihre Hände. Ihre Müdigkeit äußerte sich in Langsamkeit. Eine Langsamkeit von bildhauerischer Genauigkeit. Nach dem Essen wischte sie sich mit einem Küchentuch den Mund ab, legte es auf ihren Schoß, starrte auf den Tisch, nahm einen Schluck Rotwein. Sobald ihr Blick in diese Starre fiel, verschaffte sich der Tod Eintritt in ihre Gedanken. Es geschah ihr, obwohl sie wusste, niemand mochte sie so, niemand wollte das hören. Sonst gab sie sich große Mühe zu gefallen, die Wünsche der anderen nicht zu übergehen, damit sie gerne herkämen … Doch dieser Tod kroch wie er wollte aus ihren Sätzen und Gedanken und machte ihren Kindern und Enkelkindern Angst. Nicht Angst vor dem Tod. Sondern vor ihrem Jammern. Und Weinen. Wie ein Klageweib sei sie dann, schimpften sie hinter ihrem Rücken. Einmal, als ihr Bruder am Weinberg verunglückt war, brachten sie ihr Beruhigungstabletten, die ihre Tränen schlucken sollten.

Sie nahm sie ohne Widerworte ein, bis heute, weil sie nicht mehr weinen wollte.
»Die Zeit für Tränen ist vorbei«, sagten ihre Töchter, »heute weint kein Mensch mehr«.
»Der Wind hier trägt die Toten mit«, entfuhr es ihr. Alle am Tisch blickten sich vielsagend an, nahmen die Stellung ein, in der sie ihr diese Sätze austreiben würden.
»In den Städten hört ihr das nicht. Da schlägt der Wind gegen Beton.«
Maja begann, bald schon fielen ihr alle ins Wort, mit einer Überlegenheit, als hätten sie ihr das Überleben voraus. Dabei kamen sie aus diesem Leben inmitten begradigter Linien. Ana wusste das. Sie nickte. Gehorsamkeit vortäuschend bedauerte sie diesen Satz, der ihr aus dem Mund gefallen war, ließ die Ratschläge über sich ergehen wie einen Besuch in der Besserungsanstalt. Gerade durch diese Zurückhaltung bahnte sich schon der nächste Satz seinen Weg:
»Mile ist auch schon tot.«
Sie riss die Augen weit auf, als wäre sie selbst über das Gesagte erschrocken und blickte nervös um sich.
»Nein, Mile hatte einen Schlaganfall und liegt zu Hause.«
»Ja, tot liegt er zu Hause.«
»Nein, seine Frau pflegt ihn. Die hört es bestimmt gern, wenn du ihr sagst, er ist tot.«
»Mara ist auch tot.«
Die meisten standen entnervt von ihrem Stuhl auf. Mija beobachtete, wie sich ein befremdliches Glück über Babas Gesicht legte, sobald sich der Schreck in ihr einrichtete.
»Baba, *dosta je!*«
Genug war genug. Meistens wurde sie von einer ihrer

Töchter oder einem der Enkel zurechtgewiesen. Doch es half selten. Ihr Blick wurde hilfloser, je weniger sie dagegen tun konnte, je mehr solcher Sätze ihr aus dem Mund fielen. Bald schon saß sie da wie ein Kind, das wusste, wenn es so weitermachte, handelte es sich eine Strafe ein, doch wusste es nicht, wie genau das, womit es sich diese Strafe einhandelte, abzustellen war. Toma, ihr jüngster Enkel, sprang auf und sah in den Garten.

»Es kann doch nicht sein, dass hier die Mirabellen auf dem Boden verrotten«, schimpfte er, worauf Ana aufsprang, sofort eine Tüte aus der Vitrine holte und sie Toma gab. Toma wusste, wie sie die Toten vergaß. Er liebte sie auch genug, sie nicht dem Ärger der anderen zu überlassen, die es auch wussten, doch nie das taten, was Ana befreite, sondern nur das, was sie selbst über Ana stellte, ihre Hilflosigkeit hervorhob. Je mehr sie sich in ein Kind verwandelte, desto lauter fuhren seine Eltern seine Großmutter an, als hätten sie nur darauf gewartet, dass sich die Verhältnisse umdrehten.

»Kannst du die restlichen Mirabellen von oben pflücken?«, fragte sie Toma mit scheinheiliger Schwäche in der Stimme.

»Du bist doch groß genug, du könntest bestimmt auch die von ganz oben pflücken!«

Toma war alles andere als groß. Und er war seit einer knappen halben Stunde jeder ihrer Anweisungen gefolgt, hatte sämtliche reife Mirabellen in Reichweite gepflückt. Jetzt blieb nur noch die Baumspitze.

»Natürlich«, schimpfte er. »Natürlich bin ich groß genug. Und ich kann mir auch den Hals brechen für deine drei faulen Mirabellen, die du dann an die Schafe verfütterst!«

»Da kommst du hin! Wäre doch schade um die Mirabellen! Da oben ist nichts faul, das sind die besten.«
»Die Alte kann nicht genug haben ... Sie kann einfach nicht genug haben!«, Toma war sichtlich stolz auf ihren Ehrgeiz, auf ihren Versuch, ihn übers Ohr zu hauen. Dieses alte Schlitzohr, sobald es um ihr Land ging, um Arbeit, verwandelte sie sich in eine Gutsherrin, die mit dem Gehstock überallhin zeigte. Solange sie über jemanden zu befehlen hatte, war sie noch das Glied einer funktionierenden Kette. Alle liebten sie dafür. Ihre Auflehnung gegen die Altersmüdigkeit. Leben hieß für sie: Neues entstehen lassen. Er kletterte auf die kleine Steinmauer und in den Mirabellenbaum. Ihre Blicke folgten ihm. Die anderen kommentierten lautstark, erzählten die Geschichte schon nach, bevor sie überhaupt abgeschlossen war. Sie wies ihn darauf hin, wohin er seine Füße am besten setzen sollte, zeigte, als er einen festen Stand hatte, mit dem Gehstock auf Mirabellennester, die noch zu pflücken waren. So verschwanden ihre Toten. Oder wenn sie Tomaten von den Sträuchern pflückte. Oder wenn sie unter ihren Gästen Eier verteilte. Mit peinlichem Gerechtigkeitssinn. Später wurde am Telefon mit jeder einzelnen Tochter besprochen, ob jeder genug und gleich viel und das Richtige bekommen hatte. Die Eier mussten zum Beispiel an Enkel mit kleinen Kindern gehen, weil Eier gut für kleine Kinder waren. Sie brachten Glanz in die Haare.
Anas Steinhaus wuchs aus dem Berg heraus. Oder in ihn hinein. Es war aus demselben Stein. Auf dem Dach ein kleines Beet, das sie bepflanzte. Tagsüber jagte sie ihre Schafe in das karstige Gestein über ihrem Haus und trieb sie vor Sonnenuntergang ein. Ein Besuch bei ihr im Steinhaus glich eher einem Betriebsausflug als einem Nachmit-

tag bei der Großmutter. Niemand, der nicht seine Aufgabe zugewiesen bekommen hätte: Weinreben. Unkraut. Beete. Schafe. Eier. Kochen. Essen. Abfahrt. Sonst krochen die Toten aus Anas Sätzen. Mija wäre gerne länger bei ihr geblieben. Oder alleine gekommen. Doch diese Toten waren auch ihr unheimlich.

»Wann ist das passiert? Es muss doch einen Moment geben, an dem sie ihr alle gestorben sind?«, fragte sie auf der Rückfahrt nach Split ihre Eltern.

»Komm, halt den Mund da hinten! Kannst du nicht, wie jedes normale Kind, einfach dumm in die Gegend starren?«, fuhr ihr Vater sie an. Er spürte die Unruhe seiner Frau.

»Was genau ist jetzt unnormal? Meine Großmutter spricht von Toten, sobald sie nicht wie eine Irre über die Felder jagt. Sie spricht Leute tot, die noch lebendig sind. Leute, die sie am Tag zuvor besucht haben. Oder mit am Tisch sitzen. Und ich darf dann nicht mal fragen, warum ich so eine Großmutter habe? Könnt ihr nicht, wie alle normalen Eltern, einfach mal antworten?«

»Ist eine alte Frau. Das ist die Antwort.«

»Warum sie so ist, habe ich gefragt.«

»Was weiß ich denn, verdammt! Warum bist du so, wie du bist?«

»Was weiß ich denn?«

»Eben! Geh deiner Großmutter nicht so auf die Nerven!«, mischte Maja sich ein, ihren Wutanfall noch fest hinter die Zähne gepresst.

»Ich geh ihr nicht auf die Nerven! Du weißt gar nicht, wie glücklich die ist, wenn die mit mir allein ist! Nur wenn du kommst, gehst du ihr auf die Nerven!«

Marko drohte Mija eine Tracht Prügel an, sollte sie ihre

Mutter weiter in diesem Ton angehen. Er sah seine beiden Frauen schon wieder im Kampf, stundenlang konnten sie sich genau die gleichen Sätze um die Ohren schlagen, dabei wollte er heute Abend in Ruhe Fußball sehen, ganz ohne dieses Weibergeschrei.

»Ist das meine Mutter oder deine? Bin ich mit ihr aufgewachsen oder du? Ich geh ihr auf die Nerven! Weißt du, was das heißt, ein Kind zu haben? Nein, das weißt du natürlich nicht.«

»Nein, hab ich nicht. Und ich werde auch keine Kinder kriegen, nur um zu verstehen, wovon du redest!«

»Mijo, sag nicht, du wirst keine Kinder kriegen!«, schrie Marko.

»Schwör das Unheil nicht herauf! Morgen wirst du welche wollen, und es wird nicht gehen, wenn du so daherredest! Keine Kinder …«

An der nächsten Kirche, an der sie vorbeifuhren, bekreuzigte er sich lautstark für Mija und bat Gott um Vergebung.

»Ich werde Kinder kriegen, wie ich will!«, schrie sie ihm vom Rücksitz ins Ohr.

»Das hat sie von den Deutschen, Maja, das hat sie von denen! Du und dein Deutschland! Wir werden alles haben, nur keine Enkel!«

»Wir haben ja noch andere Kinder!«, kommentierte Maja trocken.

»Ja, die habt ihr. Und die machen euch sowieso viel bessere Enkel. Richtige Jungen machen die euch. Am besten so Volldeppen wie eure Söhne!«

»Mijo, jetzt halt ich gleich an und versohl dir den Hintern!«

»Wisst ihr was? Nächstes Mal komm ich einfach nicht mit. So wie die Jungs. Ich bleib einfach in der Stadt.«
»Ja, mach das! Damit wäre allen geholfen.«
»Ja, das mach ich.«
»Ich guck heute Abend bei Ojdenić in der Pizzeria!«
»Den Teufel wirst du!«, fauchte Maja wütend. »Den Teufel wirst du!«
Mein Teufel sitzt auf dem Beifahrersitz, dachte er.

Neben Ana, die im Sessel in dem Berliner Wohnzimmer weiße Wollsocken strickte, stand die Plastiktanne. Die Krippe auf dem Boden war noch mit durchsichtiger Folie verhüllt, seit dem Kauf hatte sie niemand entfernt.
»Macht doch mal dieses Scheißplastik weg!«
»Ja, Mijo, als wärst du gut im Putzen. Ich hab seit drei Jahren kein Staubtuch in deinen Händen gesehen!«
»Nee, ich hab da auch lieber Bücher drin.«
»Und weil du Bücher hast, kannst du nicht mehr putzen … Verdreckt das deine Bücher?«
»Genau. Ich mach jetzt die Folie weg.«
Schon riss sie die Krippe aus der Plastikfolie, Marko riss ihr seinerseits die Plastikfolie aus den Händen, ging damit fluchend zu Maja in die Küche und warf sie auf den Esstisch.
»Da! Das hättest du schon vor zehn Jahren tun sollen! Das Jesuskind hinter Plastik!«
»Wer hat … Marko? Wer …«
»Ich hab! Das war ja nicht mehr mitanzusehen. Lässt die Großmutter einfliegen und setzt sie dann vor Plastik. Unverschämtheit!«
Maja schlug die Küchentür hinter ihm zu.

»Und mach endlich die Lüftung an, die ganze Wohnung stinkt nach Fisch!«
Maja stürmte aus der Küche, die Haare in ein Küchentuch gebunden, die mehligen Hände auf der Küchenschürze.
»Diesen verfluchten Fisch mache ich nur deinetwegen. Hier isst niemand Fisch! Nur der Herr aus dem Hinterland, der braucht Fisch an Weihnachten! Als wärst du am Meer groß geworden!«
»Du verteilst mir das Mehl auf dem Teppich!«
Maja legte eine Hand in die andere und ging zurück in die Küche.
»Du musst den Fisch nicht panieren!«, schrie er ihr nach. »Panierter Fisch ist ...!«
Sie knallte die Küchentür zu. Mija hatte unterdessen den neuen Weihnachtsschmuck auf den Tisch gelegt.
»Ich find die grünen Kugeln hässlich. Die passen weder zu Rot noch zu Silber.«
»Meinst du?«
»Ja, guck dir nur dieses Grün an!«
»Also, deine Mutter hat die gekauft. Die waren teuer. Ziemlich teuer. Sieh mal hier: Die Haken sind richtig gut. Das ist kein billiges Zeug, das kommt auf die Tanne!«
»Aber es passt nicht, Tata!«
»Die Tanne ist grün, die Kugel ist grün, wo ist dein Problem!«
Als die Tanne fertig geschmückt war, blickte er unzufrieden auf das Werk. Maja kam aus der Küche und gab keinen Kommentar ab.
»Was? Was sagt du?«
Sie zuckte mit den Schultern.
»Ich hab dir gleich gesagt, diese grünen Kugeln will keiner

sehen. Diese grünen Kugeln passen zu nichts. Ich wollte die blauen. Rot, Blau, Silber, wie unsere Flagge …«

»Ich wollte nicht unsere Flagge auf dem Weihnachtsbaum.«

»Nein, wolltest du nicht. Aber das, was du wolltest, sieht schrecklich aus, verdammt!«

Er riss die grünen Kugeln vom Baum, Maja hielt ihn zurück.

»Die Kugeln waren teuer!«

»Teuer oder nicht teuer, sie taugen nichts. Sie kommen in den Müll!«

»Ich kann sie zurückgeben.«

»Sie kommen in den Müll!«

Nachdem er sie im Müll versenkt hatte, setzte er sich zufrieden auf das Sofa und betrachtete den Weihnachtsbaum.

»Ist doch gut. Was sagst du Baba?«

Ana nickte. Es war gut. Wie auch immer es war, war es gut.

»Besser als jede echte Tanne. Da fallen ja nur die Nadeln auf den Boden …«

Baba nickte.

»Die Tanne hier kostete vielleicht achtzig Mark. Oder neunzig. Ach, vielleicht sogar hundert. Aber es ist die gleiche Tanne seit bald zehn Jahren. Für eine echte zahlst du zwanzig pro Jahr. Für nur drei Tage, wenn man es genau nimmt. Nach drei Jahren hat sich das Ganze schon ausgezahlt.«

Baba nickte.

»Und du kannst mir nicht sagen, dass eine echte Tanne besser aussieht? Halb nackt ist der Stamm bei manchen … Und die hier … Richtig dickes Gestrüpp!«

Er zupfte die Zweige zurecht. Baba nickte. Und strickte. Sah nicht einmal auf. Sie strickte weiße Lammwollsocken, die keiner außer Mija tragen würde. Anas Augen schimmerten grünbraun hinter der hauchdünnen Schicht Tränenflüssigkeit, die zwischen ihren Lidern festsaß. Die Farbe ihrer Iris war aufgefächert in helle braungrüne Spiralen auf dunkelbraunem Hintergrund, wie Milch in schwarzem Tee. Ihre weiße Haut leuchtete hell gegen den dunklen Stoff ihrer Röcke, die dünnen Handgelenke bewegten sich mechanisch vor und zurück, unterbrachen die Gleichförmigkeit ihrer Bewegungen nur, um das Gestrickte einen Zentimeter weiterzuschieben, auch das mit routinierter Gleichförmigkeit.

Alle fünf Jahre wurde sie von ihrer Tochter an Weihnachten nach Deutschland geholt, sie brauchte das. Ana brauchte es nicht. Stillstand. Nutzlosigkeit. Ihre Schafe im Dorf wurden von den Nachbarn versorgt. Sie neidete ihren Schafen die Nachbarn und den Nachbarn die Schafe. Sie neidete ihnen den harten Winter und wie sehr sie einander brauchten. Wirklich brauchten. Zum Überleben brauchten. Vor der Abfahrt war zwei ihrer Katzen das Genick gebrochen worden. Ihre Augen färbten sich traurig, wenn sie davon sprach. Nachts hatten andere Katzen ihren Kleinen den Hals umgedreht. Sie machte sich Vorwürfe, das Heulen nicht gehört zu haben. Seit Jahren schlief sie unruhig, glaubte sie zumindest. Warum war gerade in dieser Nacht der Schlaf mit solch absurder Schwere über sie gekommen? Sie strickte diese Frage ins Muster ihrer Lammwollsocken. Mit jeder Zickzackbewegung eine. Ihre Schuld, ja. Sie hatte die Kätzchen im Freien gelassen. Hätten die Nachbarskatzen ihnen nicht das Genick gebrochen, hätte es die Kälte getan. Die Kälte zog erbarmungslos übers Hinterland. Doch statt sich gegen die Kälte zu wappnen, war Ana im Kopf schon auf dem Weg nach Deutschland gewesen, wo sie sich in Sorgengedanken verstrickte, die sich ihren alltäglichen Pflichtgedanken in den Weg stellten, weshalb ihr die einfachsten Dinge nicht mehr einfielen: Sie vergaß, die Schafe vor Anbruch der Dunkelheit vom Feld zu holen, den Schafskäse rechtzeitig zu sieben, die Milch vom Herd zu nehmen, wenn sie aufkochte. Sie vergaß sogar, den Nachbarssohn zu bitten, den Zaun am Hühnerstall fester zu ziehen, damit die Hühnerhälse verschont blieben, solange sie in Deutschland war. Zu bitten … Sie würde ihn erpressen müssen. Mit dem Bier, das er immer aus ihren Kisten klaute. Er konnte es sich nicht leisten, also war er gut zu erpressen. Und er trank gern. Bestimmt wollte er noch ein paar Flaschen aus ihren Kisten klauen. Sie beschloss, dass dies ihre letzte Reise war. Sie würde ihr Steinhaus nicht mehr für längere Zeit verlassen. Der Pass, den ihr Sohn verlängert hatte, lag auf dem Tisch und wartete. Sie spürte die Katzen, die sich jetzt nicht an ihren Fesseln rieben. Einsamkeit war ein stilles Geräusch. Alles andere, selbst das Schleichen der Katzen, kam lauter daher. Manchmal, wenn sich das Rauschen der Blätter oder das Tapsen junger Katzen über diese Stille legte, entstand ein wunderbares Geräusch. Doch wenn alles verstummte, wenn die Katzen nicht mehr umherschlichen, der Wind nicht ums Haus wehte, wenn das Holz nicht unter den Füßen knarzte und die Jahre nicht schmerzlos an ihren Knochen nagten, dann fraß diese schmirgelnde Einsamkeitsstille ihren Brustkorb leer. Sie brauchte dann ein Zeichen von außen. Einen Anruf. Einen

Besuch. Selbst der neue Fernseher, den Maja ihr auf die Kommode gestellt hatte, konnte Abhilfe leisten. Alles, das an einen Menschen erinnerte, der lebt.
Sie hatte keine große Angst vor ihrem Tod, zumindest fürchtete sie ihn nicht halb so sehr wie den Tag, an dem keiner sie mehr anriefe, keiner ihr einen Fernseher ins Wohnzimmer stellte oder keiner im Sommer kam, ihren Hof zu beleben. Solange sie um ihr Steinhaus herum arbeitete, hörte sie die Erde unter ihren Schritten, hörte das Glockenläuten ihrer weidenden Schafe, manchmal meinte sie, selbst die Molke hören zu können, in der ihr Schafskäse lag, oder den Zucker, der in der Speisekammer darauf wartete, in den Wein eingearbeitet zu werden. Alles, was nützlich war, hörte sie. Weshalb sie die Tage in Deutschland beunruhigten. In der Berliner Wohnung schien nichts nützlich, nur abnutzbar, nichts wurde mehr, indem man es nutzte, nein, es wurde weniger, weniger neu. So umringt von Totem, in dem Menschen sich einrichteten, klang die Einsamkeit mit einem Mal wie ein Schrei. Wenn Marko und Maja einander oder die Kinder anschrien, zuckte sie zusammen. Sie machte ihrer Tochter keinen Vorwurf. Welchen genau? Vorwürfe lagen ihr nicht auf der Zunge.
Für Anas Vergangenheit gab es keine Sprache. Kein Ohr. Keine Zunge. Ana sah es als ihre Aufgabe an, die Erde zu sein, eine Großmutter war die Erde, der Boden, in den eine Familie ihre Wurzeln schlägt. Ana war jedoch ein Boden, aus dem nichts zu ziehen war. Verrottete Muttererde war sie, da gab es nichts zu beschönigen. Fruchtloser noch als der Boden, aus dem ihre Kinder wuchsen, war das ihrerseits asphaltierte Leben, das sie seit Jahren über diesen

Boden legten. Wo, zwischen toter Erde und Asphalt, sollten ihre Enkelkinder Wurzeln schlagen?
Alle fünf Jahre luden ihre Tochter und ihr Schwiegersohn sie nach Berlin ein. Sie bat nicht darum, im Gegenteil, die mühevolle Reise und das Wohnzimmersitzen, das Streiten der Familie sowie dieses Abwarten, Abkochen, Abfeiern von Weihnachten waren eine große Anstrengung für sie. Aber verrottete Muttererde widerspricht nicht, verweigert sich nicht, ist angewiesen auf Bewässerung; was für ein Bild sie abgaben, sie und diese Kinder, erwachsene Kinder, denen es längst besser ging als ihr, die längst hier, weit weg von ihr, alles hatten, was sie brauchten, mehr, als sie zu träumen gewagt hätten, und doch hielten sie an ihrer verrotteten Erde fest, an diesem Boden, in dem kein Tomatenstrauch mehr wuchs, nur um sich sagen zu können, es gibt einen Ort auf dieser Welt, an dem alles begann. Ana wäre gerne ein anderer Anfang gewesen. Doch ihr Anfang setzte mit dem Tod ein. Mit der Nachricht vom Tod. Auf den offenen Feldern des Nachbardorfes verlor sie ihre Eltern. Ihre Schwester. Sie kehrte an jenem Tag im Hof den Staub vom Boden, kehrte gegen den Wind an und dachte an nichts, weil nicht immer an etwas zu denken war. Sie beobachtete den Staub, wie sie ihn aufwirbelte. Wie sie gegen den Wind kehrte. Die Gesetze des Windes kannte sie gut. Der Tod hingegen kam von allen Seiten. Und wann er wollte. An manchen Tagen bog er mit dem Wind um die Ecke. In jenem Jahr geschah es so. Gemeinsam mit dem Nachbarn, der ihr die Nachricht überbrachte. Nachdem die Worte aus dem Mund des Nachbarn kamen, packte sie der Wind mitsamt Anas Seele und flog mit ihnen davon. Die Worte hat er zurückgebracht. Doch Anas Seele nicht. Jahr

um Jahr stellte sich stattdessen ein anderer Tod ein, bis sie umzingelt war. Das Glück. Das Lachen. Das Gebären. All das geschah ihr nebenher, wie einer Unbeteiligten. Sie, sie blieb dort, wohin der Wind sie getragen hatte, in jenem Moment, als die Nachricht kam. Es kam nicht nur diese eine Nachricht. Es kamen viele Nachrichten. Die Geschichte erreichte sie aus vielen Mündern und aus jedem Mund anders. Petrovo Polje. Otavice. Dort, das erzählten fast alle, auf den Feldern des Petrus, sei es geschehen. Unterhalb des Gebirges. Am Fuße der Svilaja, das offene Feld. Weit genug. Zu weit, zu offen für ein Versteck. Sie sollen gerannt sein, auch das kam aus einem Mund. Wenn jemand vor ihr stand, egal wer, sah Ana nichts als redende Münder, nichts weiter als Verzerrungen, Verkrümmungen, Unschärfe. Jedes Gesicht, jedes Wort konkav. Nur in diesem Hohlspiegel waren ihr diese Geschichten und Gesichter erträglich. Sie sind bereits tot, hieß es von den einen. Sie leben noch, schreien aus einer Grube, hieß es von anderen. Jeden Tag kam mindestens ein Nachbar zu Anas Haus und sagte, sie lebten noch, schrien laut aus der Grube, aber keiner könne ihnen helfen. Wieder andere kamen nur auf Anas Hof, um zu sagen, das hätten ihre Eltern nun davon, das hätten sie nun davon, lesen und schreiben zu können, das passte den neuen Siegern nicht. Sie kämpften weiter, obwohl sie längst gewonnen hatten, jeder der ihnen in die Quere kam, verschwand. Das Kind hätten sie mitgerissen, das Mädchen, das sei die Schande. Wer hätte sie gebeten, den Menschen im Dorf lesen und schreiben beizubringen? Anas Eltern hatten schreiben und lesen gelernt, sie hatten damit angefangen, einigen Dorfbewohnern Unterricht zu geben. Buchstaben hatten sie ihnen beigebracht, viel weiter waren sie nicht gekommen. Nun sollten sie in der Grube schreiben und lesen, begannen die ersten Dorfbewohner schon mit den Schuldzuweisungen. In so einer Grube lande niemand ohne Grund, hieß es bereits, das Schreien wird nicht helfen, dessen waren sich alle sicher. Die Partisanen seien überall, selbst dort, wo sie nicht zu sehen waren, wer helfe, lande selbst in der Grube. Partisanen. Kommunisten. Ihr Onkel war Partisane, der Bruder ihrer Mutter, mehr wusste Ana über Partisanen nicht. Das haben sie davon, hörte sie Tag um Tag, und wenn einer, der nicht Bescheid wusste, nachfragte, kam aus tiefster Überzeugung: Davon, lesen und schreiben zu können. Davon, anderen lesen und schreiben beibringen zu wollen. Je öfter sich die anderen auf das Lesen und Schreiben stürzten, desto klarer wurde Ana, dass es nicht das Lesen und Schreiben gewesen sein konnte. Lesen und Schreiben war lediglich das, was sonst im Dorf so gut wie niemand konnte. Es ließ sie ruhiger schlafen nachts. Anas Eltern hatten schreiben und lesen gelernt, sie hatten es einigen Menschen im Dorf beigebracht. Wer schreiben konnte, musste *Ustaša* sein, hieß es schnell, was sonst. *Ustaša*, das war für Ana ihr anderer Onkel, der zweite Bruder ihrer Mutter, der mit seinem Bruder kein Wort mehr sprach. Jeden Tag kam jemand anderes auf den Hof und behauptete, man höre sie im Nachbarort noch aus der Grube schreien. Bis eines Tages nur noch jene kamen, die ihren Eltern die Schuld dafür gaben, in der Grube gelandet zu sein, das Kind mit in die Grube gerissen zu haben, die anderen Kinder verwaist zurückgelassen zu haben. Manche stellten infrage, ob sie es überhaupt in die Grube geschafft hätten. Sie behaupteten, das Eigentliche hätte sich auf Petrus' Feld ereignet. Petrovo Polje. Ana war sich sicher, das Eigentliche ereignete sich erst jetzt, da sie nicht mehr nach Hause kamen.

PETROVO POLJE

Entlang der kleinen Straßen war Mijas Vater jeden Sommer in Richtung ihres Dorfes gefahren. Auf dem Gipfel des kleinen Hügels in Otavice stand das Mausoleum des Bildhauers Ivan Meštrovic. In ihrer Familie hatte Kunst keine Namen, doch diesen Bildhauer kannte man. Mijas Vater zeigte Jahr um Jahr auf der Fahrt ins Dorf auf den Hügel, auf dem das Mausoleum stand. Als sie klein war, hielt Mija es für das Grab eines Verwandten, anders konnte sie sich dessen Wichtigkeit für den Vater nicht erklären. Eine Allee aus Zypressen führte an ein rostrotes Tor, durch das man auf eine lange Steintreppe gelangte, die zum Grab der Familie Meštrovic führte. Einmal, als Mija bereits größer war, bat sie darum, am Mausoleum anzuhalten. Sie wollte es sich ansehen. Der Vater erfüllte ihr den Wunsch, der Rest der Familie öffnete die Autotüren und wartete noch im Halbschlaf auf die Rückkehr der beiden. Mija stieg neben ihrem Vater die Treppen hinauf. In weniger als einer Stunde würde die Hitze ausbrechen, die Luft sich verflüssigen. Als sie oben standen, sagte ihr Vater nur:

»Ivan Meštrović war ein Weltbürger. Deswegen hätten ihn die *Ustaše* gern umgebracht.«

»Wer waren noch mal die *Ustaše*, Tata?«

Marko schwieg.

»Was bringt man euch in der Schule eigentlich bei?«

Mija zuckte mit den Achseln.

»Warum hat man ihn hier begraben?«

»Damit sie ihm die letzte Ruhe rauben können; wer hier geboren wird, darf keinen Frieden finden. Nicht einmal unter Stein gönnen sie dir deinen Frieden. Sieh dir das an, das Vieh hat im Krieg auch das hier zerstört.«

»Welches Vieh?«

Mija stand vor der beschädigten Tür des Mausoleums.

»Rat«, sagte ihr Vater nur. Krieg.

»Seine Tochter ist in Kanada gestorben. Seine Tochter und sein Sohn sind vor ihm gestorben«, erzählte er weiter, und Mija vergewisserte sich, dass niemand von den anderen ihnen nachgestiegen war.

»Warum haben sie ihn in einer Kirche begraben, Tata?«

»Weil Gott ihm das Leben gerettet hat.«

»Verstehe ich nicht, warum hat Gott dann den anderen nicht das Leben gerettet. Oder diese Tür?«

»Er kannte einen anderen Gott als wir, Mijo. Einen anderen als den, bei dem sich alle nur über das Leben hier beschweren.«

Sie hatte noch nie erlebt, dass ihr Vater einen Menschen bewunderte. Tito vielleicht. Doch nie so. Meist schwieg ihr Vater, und sein Blick ruhte auf den Dingen. Menschen. Sein Blick hatte sie bereits in so manch verborgene Geschichten gelotst. Doch hier, auf diesem Berg, bevor die Sonne den Zenit erreichte, erzählte er ihr erstmals von etwas. Noch immer glaubte sie, er verschwieg ihr mehr, als er erzählte, und sie hatte beinahe Angst vor dem Moment, da sie zurück zum Auto gehen und er verstummen würde.

»Seid ihr endlich zurück?«, fragte Maja, als sie sich wieder ins Auto setzten. »Die Hitze … es wird schon heiß.«

Marko steckte den Schlüssel ins Zündschloss, fuhr wieder auf die Zypressenallee. Mija saß hinter dem Fahrersitz, beobachtete, wie er sich eine Zigarette anzündete und sie zwischen den Zügen aus dem Fenster hielt. Majas Sätze fluteten gegen Mijas rechtes Ohr. Sie sah über das Feld, an dem sie langsam vorbeifuhren. *Petrovo Polje.* Die Sonnenstrahlen fielen auf ihren linken Arm. Im Rückspiegel immer wieder die Augen ihres Vaters, die zusammengekniffen dem Dorf entgegensahen. Immer, wenn dieses Augenpaar in den Rückspiegel sah, suchte Mija den Blick ihres Vaters. Er traf ihren nicht mehr. Und doch glaubte sie zu wissen, wohin er sah.

MIJA MARKOVIĆ

Berlin Airport, 28. Januar 2013

Zora kniet auf dem Koffer, während Mia am Reißverschluss zerrt. Sie keuchen, lachen, als das Ding endlich aufrecht im Raum steht.

»Wäre ja gelacht …«

Mia nickt.

»Du hättest auch etwas hierlassen können für das nächste Mal.«

»Da wird es nicht besser, Zora. Sicher nicht.«

Mia umarmt sie, feuert drei Küsse auf ihre Wangen. Zora hält sich an ihr fest, dann ihrerseits Feuerküsse.

»Los jetzt, ich muss gleich Fleisch kaufen gehen, Berge von Fleisch, ich hab zu tun …«

Mia gibt ihr noch einen Kuss. Zora sieht weg, eilt in den Flur, zieht sich eine Daunenjacke über.

»Der Spanier ist zu spät. Dieser Spanier kommt immer zu spät, wenn's drauf ankommt. Zum Essen kommt er nie zu spät … Hast du alles? Hast du meine Nummer? Wenn nicht …«

»Ja, Zora, ich habe alles.«

»Dass wir diesen Koffer jetzt tatsächlich selbst runtertragen müssen, unglaublich!«

Es klingelt. Zora geht an die Sprechanlage.

»Na endlich, du weißt doch, das Flugzeug wartet nicht.«
Wenig später, auf dem Parkplatz, steigt Zora in ihren Wagen, fährt wendig aus der Parklücke und in den Großhandel. Jesus sieht ihr nach. Mia sucht den Parkplatz nach weiteren Lücken ab.
»Wir haben genug Zeit.«
»Ich weiß. Nur sie hat keine.«
Der Tag ist der kälteste seit ihrer Ankunft. Jesus zieht und trägt abwechselnd ihren Koffer. Er atmet schwer dabei, sie möchte ihm das Gewicht abnehmen, doch er verbittet es sich. Sein Gesicht wirkt müder als sonst.
»Wirst du je zurück nach Spanien gehen?«
Er schüttelt bestimmt den Kopf. Die Morgenstunden fallen ihm schwer.
»Woher weißt du das so genau?«
»So genau weiß ich es nicht. Ich bin mir nur sicher.«
Der Wedding versteckt sich noch in der Dunkelheit. Es wird grau bleiben heute. Eine leise Vorfreude auf den kanadischen Himmel steigt in ihr auf, das stechende Blau, das sie fast jeden Morgen raus in die Kälte zieht. Jesus geht wie ein Schatten neben ihr. Einen Moment lang fragt sie sich, weshalb sie ihn gebeten hat mitzugehen.
Am Flughafen angekommen, blickt sie in seine immer noch trägen Augen. Die Tränensäcke sind geschwollen. Er legt seine großen Hände um ihre Wangen.
»Willst du alleine rein?«
Sie schüttelt den Kopf, lässt ihr Kinn in seinen Handflächen versinken. Er sieht sie an, ihre geschlossenen Augen, ihre dünnen Lider, legt seine Fingerspitzen darauf, betrachtet ihre Mundwinkel.
»Komm!«, sagt er. »Wir erfrieren hier draußen.«

Sie nickt. Nimmt ihm den Koffer aus der Hand und zieht ihn in Richtung Flughalle. Sie treten durch die Glastür, Mia holt ihr Flugticket aus der Tasche und liest ihm die Flugdaten laut vor. Wenig später stehen sie unter der Flugtafel. Mia erkennt kaum etwas, sucht ihre Brille und setzt sie auf. Jesus nickt anerkennend. Ihm gefällt die Brille in ihrem Gesicht. Auf dem Weg zum Schalter zieht sie ihren Reisepass aus der Tasche. Am Schalter stehen nur wenige Passagiere. Sie ist viel zu früh dran, doch es beruhigt sie. Die verbleibende Zeit beruhigt sie. Sie dreht sich zu ihm um.

»Hier drinnen erfrieren wir auch.«

Jesus gibt ihr einen Kuss auf die Stirn. Auf die Nase. Und wendet sich ab. Sie stellt sich in die Schlange. Sieht zurück. Er ist noch da. Die Hände in den Manteltaschen, steht er in der Halle und sieht ihr nach. Sie lächelt, für einen Moment schließt sie die Augen, dreht sich zurück zum Schalter. Seinen Blick weiter im Rücken. Sie hebt den Koffer auf das Band, prüft sein Gewicht auf der digitalen Anzeige. Übergepäck. Mist, denkt sie, hofft auf die Großzügigkeit der Stewardess. Sie scheint Kanadierin zu sein, diese streng frisierte Frau im dunkelblauen Aufzug. Sie gibt sich äußerst wortkarg, fertigt die Fluggäste mit dem Nötigsten ab. Mia redet sich ein, das erhöhe ihre Chancen auf Großzügigkeit. Als sie an den Schalter tritt, bittet die streng frisierte Frau sie um ihren Reisepass. Mia händigt ihn aus. Die Stewardess blättert darin, hält ihn schließlich geöffnet zwischen Mittelfinger und Zeigefinger, während sie ihren Daumen fest unter dem Passbild hält. Als sie Mias Namen liest, blickt sie kurz auf, sieht sie genau an, verliert die Strenge, nur um sich gleich wieder dem Bildschirm zuzuwenden. Mia sucht nach dem Namensschild an ihrem dunkelblauen Anzug.

Mit einem Mal erinnern sie die blondierten Haare dieser Frau, ihr strenger Blick, an die Polinnen, die sie aus ihrem Viertel in Toronto kennt. Die Stewardess liest laut vor:
»Mia Markovićh.«
»Ja.«
Mia sieht zu, wie die langen, gepflegten Finger ihren Namen Buchstaben um Buchstaben aus der Tastatur schlagen.
»Mija Marković«, sagt sie. Und lächelt in sich hinein. Noch immer spürt sie etwas im Rücken. Etwas von ihm ist noch da.
»Fenster oder Gang?«
»Fenster. In jedem Fall Fenster.«

Für Ivan Marinić
Der Mensch, in dessen Schweigen ich lesen lernte

NACHWORT

von Michel Friedman

Welcher Mensch hat sich in seinem Leben nicht mindestens einmal die Frage gestellt: Wer bin ich? Die Auseinandersetzung mit der Identität – ich bevorzuge den Plural Identitäten – kann quälend, beglückend, zerstörend, bedrohlich, aufregend, interessant sein. Aber wie bekommt man eine Antwort auf diese Frage? Wie erreicht man einen Fortschritt? Eine Entwicklung? Eine Annäherung? Mit sich selbst. Und wie schafft man es, sich in den vielen Schichten des Lebens mit ihrer Komplexität und Verstrickung zu finden, die meist zwischen Bergen von Verdrängtem und Erinnerungen, und den unzuverlässigen Geschichten, die von Dritten erzählt werden, liegen? Ist nicht in jedem Augenblick der Beschäftigung mit »Wer bin ich?« bereits die Frage wieder überholt, weil so viel Dynamisches, so viel Neues in das Leben getreten ist, wie es eben nur im Leben sein kann? Die eigene Dynamik und der Makrokosmos machen uns das Reflektieren schwer. Erst recht bei der Suche nach sich selbst.

Was aber erst, wenn Menschen, und das ist Menschheitsgeschichte, noch dazu ihr Zuhause, ihre Heimat, ihr Land verlassen? Wollen. Müssen. Menschen, die es müssen, erleben das Gefühl der Entwurzelung. Der Ort, der war, ist nicht mehr, er wurde verlassen, und damit erleben die Menschen auch, dass sie sich selbst ein Stück verlassen haben. Das Verlassen des Gewohnten, des Bekannten, der Sprache, der Kultur, der Freunde und der Menschen, der noch so brüchigen und komplexen Selbstsicherheit, des Wiedererkennens und Wiedererkanntwerdens, des so wichtigen, wenn auch trügerischen Gefühls einer bekannten Sicherheit oder einer kaum gekannten Unsicherheit.

Jagoda Marinićs »Restaurant Dalmatia« erzählt die Geschichte von genau solchen Menschen. Sie erzählt von Mia, einer erfolgreichen Fotografin, die mit ihrem Freund in Kanada lebt, der sie zurück nach Berlin schickt, wo ihre Eltern nach einer Auswanderung aus Kroatien gelandet sind. Kanada, das sie aus der Distanz der Fotografin beobachtete und sich dabei selbst in Distanz wahrnimmt, ist für sie die Gegenwelt zu ihrer europäischen Erfahrung: »Das Gewicht von gestern war nicht mehr auszumachen, denn die Erfahrung von heute war groß genug, um von ihr zu erzählen. Alles, was sie zuhause noch als Gewicht empfunden hatte, löste sich auf in dem Wörtchen experience.« In diesem jungen Land, das zugleich ein halber Kontinent ist, mit einer Einwanderungsgesellschaft mit wenig Menschen und viel Raum, sollte das Leben in der Gegenwart erfahren werden. Experiences halt. Der Gegenentwurf zu Europa. Dort stellen sich nur Fragen wie: Was tust du? Was fühlst du? Wie lebst du? Ein Leben im Jetzt. So wenig Gepäck wie möglich, so wenig Vergangenheit wie nötig. Eine Art Leichtigkeit des Seins, eine Illusion, dass es eine Gegenwart ohne Vergangenheit geben kann und die Sorge um die Zukunft keine Rolle spielen muss. Anders als in Europa, dort: viel zu viele Länder, große und kleine, reiche und arme, fortgeschrittene und rückständigere, viele Kulturen. Viele Sprachen. Und so viel Geschichte. So viele Kriege. So viel Blutvergießen. So viele Grenzverschiebungen.

Mias Eltern: Osteuropäer, Balkan, Nachkriegszeit, Veränderungszeit, Konfliktzeit, Unsicherheitszeit. (Nichts hat sich daran wirklich geändert.) Sie hoffen, wie so viele Menschen, auf Deutschland. Das (scheinbare) Paradies, das bis heute für Millionen Menschen jedes Jahr aus der ganzen Welt als Ankunftsland, als Zukunftsland vor Augen steht. So kommen die Hoffnungslosen aus ihrer Heimat mit großer Hoffnung nach Deutschland. Deutschland, das sie im Großen und Ganzen nicht als Menschen sieht, als Individuen mit ihren Lebensgeschichten, sondern, wenn überhaupt, als Arbeitskräfte, »Gastarbeiter«. Deutschland, das sich bis vor kurzem geweigert hat, anzuerkennen, dass es ein Einwanderungsland ist. Deutschland, das sein Wirtschaftswunder diesen Millionen Menschen zu verdanken hat, deren Kinder und Enkelkinder in Deutschland geboren, deutsche Staatsbürger sind und von viel zu vielen immer noch als nicht Gleichberechtigte gesehen werden. So viele Einwanderungsgeschichten, so viele Länder, so viele Menschen, die mit ihrer Kultur, ihren Religionen, ihren Lebensweisen in einem Land landen, das, mit vielen Ausnahmen, nicht neugierig ist auf diese Menschen und ihre Lebensbiografie. In den 60er, 70er, 80er Jahren waren viele Deutsche eher damit beschäftigt, ihre »neutrale« Maske aufrechtzuerhalten, ihre Nazi-Vergangenheit mit weißer Farbe zu übertünchen, oft vor Gefühlskälte auf andere Menschen wie ein Gefrierschrank wirken. Empathielos zu begegnen, zu ignorieren. Die Menschen, die nach Deutschland gekommen sind, eher zu ignorieren, sie in Wohnghettos zu organisieren und von »den Fremden«, »den Anderen« so wenig wie möglich Kenntnis zu nehmen. Und doch: Deutschland ist heute das Land, das in seiner Vielfalt und Buntheit geprägt ist. Das dies immer noch von nicht wenigen als Bedrohung und nicht als Bereicherung empfunden wird, ist tragisch.

Mia lebt mit ihren Eltern in einer doppelten Isolation. Wie so viele Migrant:innen. Sie, die nicht als Teil des Ganzen akzeptiert wird, immer ein wenig mehr oder weniger ein Außerhalb ist und selten in das Innerhalb zugelassen wird. Aber auch sie mit einer Familie, die sich abschuftet. Die das Gestern nicht loslassen kann. Das Hier und Heute nicht finden kann. Millionen Menschen, die in einem Zwischengeschoss leben. Wo sich die Fremden mit denen, die schon lange hier sind, treffen, wo ihnen der Raum zugestanden wurde und wird, wo sie freundlich begrüßt werden, das sind die vielen gastronomischen Angebote. Die italienischen, chinesischen, griechischen, japanischen, türkischen, französischen Restaurants, in denen die Deutschen sich an ihre Urlaube erinnern, die sie in diesen Ländern genossen haben. Wo sie mit einem gebrochenen Italienisch, das aus 15 Worten besteht, so tun, als seien sie mondän, kosmopolitisch. Oder im griechischen Restaurant bei einem Gratis-Ouzo mit Erinnerungsteilchen so tun, als würden sie Griechenland besser kennen als die eingewanderten Griechen in Deutschland. Wo sie »die Türken« für ihre Gastfreundschaft mögen, die sie zwischen Antalya und Istanbul kennengelernt haben.

Mias »Tankstelle«, ihr Zuhause in Berlin, ihre wirkliche Bezugsperson, ihre Ersatzmutter ist ihre Tante Zora, die im Wedding das Restaurant *Dalmatia* führt. Dort wird in großen Portionen gekocht, mit Strenge regiert, mit Liebe und Gefühl serviert. Zora ist anerkannt. Sie ist die Herrscherin in ihrem Restaurant. Dort wird sie respektiert. Dort ist sie wenigstens die »anerkannte Ausländerin«. Essen hat immer etwas mit Sinnlichkeit zu tun und ist doch gleichzeitig eine existenzielle Grundversorgung. Fehlt sie, stirbt der Mensch. Deswegen ist das Restaurant ein Ort, an dem sich eine scheinbare Gleichheit entwickeln könnte …

Dort will Mia nach Jahren wieder andocken, als sie aus Kanada zurückkehrt. Dort will sie die offenen Fragen ihrer Identitäten klären. Hofft auf die Hoffnung. Wünscht sich, dass sie Antworten auf die Frage findet. Wünscht sich, dass sie in die Tiefen ihres eigenen Gehirns eindringen kann, zu den Ursprüngen ihres Wanderlebens, zu den Gründen des Nirgends-Ankommen-Könnens. Ein Mann, der Jesus heißt, von dem man nicht weiß, ob er ein Wohnungsloser, ein Armer, Verzweifelter ist, oder ob er der einzig gefestigte Mensch zwischen all diesen Figuren ist, kreuzt Mia oder Mia ihn durch Zufall. Eine tiefe Verbindung, ein Verbindliches wächst zwischen ihnen. Sie nimmt ihn mit zu ihrer Tante ins Restaurant, in dem Jesus ein Zuhause findet, eine Anlaufstelle.

Sie reden miteinander, sie denken miteinander nach, über das Fremde und das Eigene, über das Leben an sich. Was bedrohlicher oder was fremder wirkt. Sie fragt Jesus: »Eigenes zu eigen machen?« Und er antwortet: »Manchmal ist das Eigene, was wir am wenigsten mögen. Was wir am wenigsten besitzen.« Sie sprechen über das Dorf von Mias Eltern, über die Frage, wo der Anfangspunkt des Lebens oder der Identität ist. Ob es die Sprache ist, ob es das Land ist, das sie, wie Millionen Kinder und Kindeskinder, auch der heutigen Migrationsgesellschaft, nie gekannt haben, oder wenn, dann nur für ein paar Wochen zu Besuch. Und auch dort Fremde sind. Spontan sagt sie, ihr Ort sei Wedding, Berlin. Der gleichzeitig ein so schmerzhafter ist.

Eltern, die nichts anderes tun, als sich zu abzurackern, um sich ein eigenes Leben, aber vor allen Dingen ein Leben für die Kinder aufzubauen. Traurig. Und für die Kinder eine Belastung. Sie sollen funktionieren. Sie müssen funktionieren. Eine Hypothek. Eine Bringschuld. Jesus wiederum meint, dass alles eben mit dem Anfang anfängt. Und nur der und die, die diesen Ausgangspunkt erkennen, können die unendlich vielen Fäden der Lebensverstrickung, und sei es nur ein bisschen, ordnen. »Ich bin überzeugt, dass du diesen Ausgangspunkt brauchst, Mia. Ich glaube nicht an ein Leben, von dem man nicht weiß, wo man herkommt, und das meine ich nicht nur geographisch. Alles ist damit verbunden, selbst die Art zu lieben. Wer hat dich geliebt? Wen hast du geliebt? Wer hat dich geschützt? Wer verletzt? Wer hat deine Träume zerstört? Wer hat sie in der Welt platziert und wie?« Stimmt das? Und wie kann man sich an etwas erinnern, das durch die kindliche Amnesie der ersten vier Lebensjahre niemals ins Bewusstsein übertragen wurde? Und selbst wenn? Nichts ist verführerischer als das Gedächtnis.

Menschen konstruieren ununterbrochen die Welt, in der sie leben. Sie übernehmen die Geschichten, die Vorurteile, die Kultur, die Verhaltensweisen derjenigen, mit denen sie leben. Während unseres Lebens sind wir damit konfrontiert, dass vieles, was wir für sicher halten, sich in Luft auflöst. Weil das meiste davon nicht auf Wissen beruht, sondern auf der kritiklosen Übernahme von Bildern, Meinungen, Haltungen, auch politischen, auch über Menschen, die von außerhalb kommen, die tief, oft auch unbewusst, in uns verankert sind. Mia ist auf der Suche nach sich selbst. Mit dem Risiko, die Verankerungen auch zu lösen und damit ohne festen Boden ihr Menschsein, ihre Identitäten und die der anderen zu überprüfen.

Sie stellt Grundsatzfragen unserer Gegenwart. Jeder menschlichen Gegenwart seit Jahrtausenden und Jahrmillionen: Was ist Heimat? Was ist zuhause? Was ist ein Land? Mein Land? Wie lange ist ein Land ein Land? Und wie kurz ist ein Land mein Land? Und was ist das überhaupt, ein Land? Mit den vielen Menschen, die genauso wie ich glauben, dass es unser Land sei. Und was ist das neue Land, das noch nicht mein Land ist, aber schon lange das Land derer, die sagen, es sei ihr Land? Und wozu? Wozu, verdammt noch mal, brauche ich ein Land, ein Zuhause, eine Heimat? Und was habe ich mit all dem zu tun? Warum ist die Welt so voll von Heimatlosen, Staatenlosen, Wohnungslosen? Marinić erzählt uns anhand dieser Familie exemplarisch das Schicksal von Menschen in ihrer Ambivalenz, in ihrer Zwiespältigkeit, vielleicht sogar in ihrem Dilemma. Und von einem Deutschland, das sich schwertut, sich auf diejenigen einzulassen, die kommen. Jeder bleibt in seinem eigenen Denk- und Gefühlsgefängnis. Menschen, die vor dem Neuen ihre Türen fest verschließen.

Den Menschen, die das andere nach Deutschland bringen. Und den Neuankömmlingen, die auch ihre Türen vor dem Neuen verschließen. Vor dem Unbekannten. Und sich mit der Nostalgie, dem »Früher«, dem Vergangenen hilflose Rettungsanker konstruieren.

Wenn wir nicht neugierig aufeinander werden, unsere Türen und Fenster ein wenig öffnen, werden wir uns nicht kennenlernen, werden wir keine Brücken bauen, werden wir vereinsamen, obwohl wir die Chance gehabt haben und immer wieder haben werden, auf das Einzige, auf das Wichtigste: neugierig auf Menschen zu sein. Die anders sind. Die anders leben. Die anders denken. Die andere Perspektiven mitbringen. Voneinander zu lernen. Die, die kommen, und die, die da sind, sind aufeinander angewiesen und werden nur dann ein gutes Leben erfahren, wenn sie gegenseitig das Beste aus allem herausarbeiten, das andere Übriggebliebene hinter sich lassen. Und gemeinsame Symbiosen erfahren. Und das immer wieder und wieder. Denn weder werden die Menschen aufhören, wo auch immer und von wo auch immer her, anzukommen, wo es schon andere Menschen gibt. Noch werden die Menschen, die schon da sind, dies durch Härte und Abwehr verhindern können. Wir leben miteinander. Wir müssen miteinander leben. Lernen. Oder gemeinsam untergehen.

Dieser Roman ist so aktuell wie vor einem Vierteljahrhundert. Er liest sich deshalb so wunderbar, weil er nicht versucht, Antworten zu geben, sondern die Gefühle in den Vordergrund stellt. Die Fragen. Die Hilflosigkeit und die hilflosen Versuche, der Hilflosigkeit durch hilflose Antworten etwas von diesem Schrecken zu nehmen. Wer glaubt, dass das deswegen ein trauriges Buch ist, irrt. Es ist ein suchendes Buch. Ein menschliches Buch. Ein Buch über Menschen. Und solange Menschen suchen, das Fragezeichen im Vordergrund steht, sie sich jedenfalls auf den Weg machen und nicht stehen bleiben, stecken bleiben, gibt es Grund zum Optimismus. Ich habe geweint und gelacht. Was kann eine Geschichte, ein Buch, mehr erreichen?

Jagoda Marinic
Sheroes
Neue Held*innen braucht das Land

Jetzt haben wir endlich die Chance, offen über Männer und Frauen, über Rollenbilder und Macht zu reden. #MeToo war ein öffentliches Gesprächsangebot – nehmen wir es wahr! Lassen wir es nicht scheitern in Zeiten, wo mit „Bikinis statt Burkas" um Wählerstimmen geworben wird. Geben wir der Debatte in Deutschland eine eigene Richtung. Nutzen wir als Frauen die Chance und definieren uns selbst. Erfinden wir neue Held*innenrollen. Und holen die Männer mit ins Boot. Denn im Kampf um Machtmissbrauch müssen alle an einem Strang ziehen. Dafür will dieses Buch ein Anstoß sein und Perspektiven zeigen. Ein Anstoß für all jene, die das längst wissen. Und für die anderen erst recht.

128 Seiten, gebunden

Weitere Informationen finden Sie auf
www.fischerverlage.de

AZ 10-397453/1